세대차이

GENERATION GAP

and other essays

READINGS IN
KOREAN
CULTURE SERIES

By Hye-Sook Wang

CHENG & TSUI COMPANY

Boston

16 15 14 13 12 11 10 09 08   1 2 3 4 5 6 7 8 9 10

Published by
Cheng & Tsui Company, Inc.
25 West Street
Boston, MA 02111-1213 USA
Fax (617) 426-3669
www.cheng-tsui.com
"Bringing Asia to the World"™

Cover design by Gia Giasullo, Studio eg
Interior design by Maxine Ressler

ISBN 978-0-88727-536-4

Library of Congress Cataloging-in-Publication Data is available for this title.

Wang, Hye-Sook.
Generation gap and other essays: reading in modern Korean culture =
Sedae ch'ai / by Hye-Sook Wang.
    p. cm.
   In English and Korean.
   ISBN 978-0-88727-536-4
    1. Korean language--Textbooks for foreign speakers--English. 2. Korea
(South)--Social life and customs. 3. Reading comprehension--Problems,
exercises, etc. I. Title. II. Title: Sedae ch'ai.

PL913.W35 2007
495.7'82421--dc22

                                                              2007062021

Printed in the United States of America

Contents

Preface

Due to the increasing prominence of East Asia on the international stage, the success of the 1988 Seoul Olympics and the 2002 World Cup, and Korea's strong economy over the past few decades, overall student enrollment in Korean language courses is on the rise. The inclusion of the Korean language as an SAT II subject test in 1997 is another indication of growing interest in the language. In its first year, this exam was taken by 2,447 students, the third largest group of foreign language test-takers following Spanish and Chinese. Moreover, "Hallyu," or the Korean Wave phenomenon, increased the popularity of Korean pop culture in many Asian countries, and has boosted interest in Korean Studies in Asia and around the world.

With the increasing numbers of Korean language learners, more textbooks have recently been published that provide teachers with greater flexibility. However, many of these texts are mainly grammar texts, creating a disconnect between students' general command of the language, and their desire to communicate about ideas. By the end of the first year of study, university students have acquired basic knowledge of pronunciation and grammar, yet they lack a sophisticated vocabulary. In short, specialized reading texts that integrate Korean language and culture learning are greatly needed. Existing textbooks neither adequately reflect students' interest in Korean culture nor provide a variety of tasks that will reinforce the learning of the text. This book has been developed as a response to the lack of challenging, interesting materials for high intermediate and lower advanced students of Korean.

As a non-cognate language, Korean requires a significantly longer period of study to achieve modest proficiency, as compared to most commonly-taught European languages. Thus, it is too challenging for students at the second or even early third year level to read "authentic" materials, such as Korean newspapers, magazine articles, or original stories, without adding considerable supplements to compensate for the linguistic difficulty. Unfortunately, these challenges result in students giving up learning the language. With these challenges in mind, I wrote the essays in this book myself, incorporating grammar skills and core vocabulary, while keeping the students' general proficiency levels in mind. The original version was developed during the mid- to late-1990s with grants from the IVY League Consortium for Language Teaching and Learning. Over the past several years I have further edited this text while using it as a supplement to a regular grammar-based textbook.

Previously, it was problematic to find readings that were not too long or difficult for language learners, and could introduce and summarize main issues on a given topic effectively. Stylistic variations were also an issue, and continuity of style was a consideration during the development of this text. While learners undoubtedly benefit from exposure to various writing styles, understanding stylistic variations should not be the priority or the goal of instruction at this level.

TOPICS

The topics of each chapter are based on an informal survey of my students that I conducted over several years prior to writing this book.

Students' interests in modern Korean culture and society, especially daily life and social changes, are reflected in topic selection. Students at the intermediate and advanced levels want to discuss important aspects of Korean life and culture with acquired language skills. Intermediate and lower advanced level classes do not need "survival packages," such as those texts whose sole purpose is to relate information on how to make purchases, order food in a restaurant, mail letters, etc. Additionally, the grammar texts that are predominantly used in college courses are too easy and often tedious for heritage learners who grew up speaking Korean. Crucially needed are more sophisticated readings that stimulate students intellectually and address their cultural interests. Some may argue that the readings are not 'truly authentic' since they were written for language learners. While the definition of 'authentic material' remains open to debate, it is clear that this text is appropriate for learners who are not yet ready for more difficult 'primary source' materials.

GOALS OF THIS TEXTBOOK

There are a number of goals that I hope to achieve with this text. Through reading effectively, I hope students will learn more grammar and vocabulary with this textbook.

I also hope to enhance cultural understanding. The interrelationship between culture and language learning is central to foreign language education, and each chapter of the book attempts to integrate culture into language learning. Students will not only learn Korean, but also gain a better knowledge of Korean culture, as well as their own, through comparative analysis.

Finally, I believe that readers of this text will become better informed about certain hot-button issues, and gain factual knowledge supported by relevant statistics and history. For example, after reading about the 'Korea-Japan Relationship,' in Unit 18, students will be able to pinpoint problematic issues between the two nations. Overall, this text will help students gain linguistic proficiency and cultural knowledge, while holding their interest and increasing their confidence level.

PRINCIPLES OF LANGUAGE TEACHING

Content-based language teaching (CBLT) and Task-based language teaching (TBLT) are two principal approaches on which this book is written. Since the book is a collection of essays that deal with social and cultural aspects of Korea, CBLT is believed to be the most effective principle that integrates language and culture. Post-reading activities are based on TBLT.

HOW TO USE THIS BOOK

This text consists of twenty lessons and is intended to be taught at a pace of ten lessons per semester. Most college and university semesters last about fifteen weeks, and with examinations and breaks, most instructors will be able to devote one week per lesson, and on occasion two weeks if needed.

This book can be used not only for classroom study but for independent self study, although some activities such as pair work or group work may be more difficult to conduct outside the classroom. In fact, how and for what level of students this book is used should be determined by each individual instructor based on his or her class schedule, curriculum, and preferences.

ORGANIZATION

Each lesson in this text consists of seven sections and begins with background information in English and a Unit Focus section in Korean.

- Section I is a "warm-up" section to introduce the main topic.
- Section II has pre-reading questions that deal with the key points of the lesson in Korean. Students are encouraged to think and predict the content before they start reading the essay.
- Section III is the essay itself, preceded by core vocabulary words that are essential for students to master.
- Section IV consists of post-reading comprehension questions, designed to clarify the main ideas in the text and relate them to the dominant themes of the lesson. These questions also include identifying details in the reading through true and false exercises and short answer questions.
- Section V consists of vocabulary exercises. Students are given an opportunity to reinforce their understanding of important words and expressions in order to comprehend, read, discuss, and write more about the designated topic.
- Section VI consists of discussion questions that are beneficial not only to oral class discussion, but also for writing practice and composition skills.
- The final section, Section VII, contains related tasks. Here, students can do more in-depth research on any particular topic or related activities such as writing a skit, a report, a movie critique,

or an autobiography focused on one's language learning experience, interviewing people, debating hot issues, creating lesson plans, explaining the negotiation process and so on.

Each unit ends with a glossary of new words in that particular unit. Sino-Korean characters have been included in the glossaries to facilitate acquisition of Korean words. The book also features a main glossary which alphabetizes all of the vocabulary, so that students can use the book without having to refer to a separate dictionary or additional textbook. This final glossary provides English meanings of Korean words with supplementary Sino-Korean characters. While it does not provide usage details for words with multiple meanings, teachers can help students with specific vocabulary as required. Books cannot explain everything, after all!

ACKNOWLEDGMENTS

....

I am indebted to many people for helping with the publication of this book: Deborah Ahn for putting end glossary in an alphabetical order, Chester Lee for helping me with background information, Ok-Chun Lee for checking Korean and Chinese characters, Ju-Hyun Lee, Ju-Hee Lee and Kyu-Seop Yoo for taking most of the pictures, and Ah-Young Song for checking the English. I thank the reviewers for their insightful and constructive suggestions, which helped improve the manuscript, and Robert Carrubba for copyediting the Korean portions of the manuscript. I am very grateful to the IVY League Consortium for Language Teaching and Learning for funding the development of this book, Peter Patrikis, former executive director of the Consortium, and Merle Krueger, current executive director of the Consortium for their strong support of my work. I am also grateful to the publisher, especially Jill Cheng and Kristen Wanner, who were excited at the prospect of publishing the book. I am also very grateful to my family, my husband, and my daughter Marisa, for putting up with me and supporting me for so long. Lastly, I am very grateful to all of my students. Without them, this book would not mean much.

Hye-Sook Wang
Providence, RI
July 2007

한국과 미국의 대학생활
COLLEGE LIFE IN KOREA AND AMERICA

Unit Focus: 한국과 미국의 교육제도, 대학생활의 유사점과 차이점을 이해한다.

1: BACKGROUND INFORMATION
도입

As in any country, students in Korea experience fun and friendship, and both nations have a wide range of students, from the avid to the carefree. You are probably familiar with the ways of American students and educational systems. Here we will try to touch on some similarities as well as differences in the education and lifestyles of American and Korean students.

한 대학교의 골프 동아리 회원들이 운동장에서 골프 연습을 하고 있다.

준비학습

1. 한국의 교육제도와 대학입시제도에 대해서 알고 있는대로 얘기해 봅시다.

2. 한국의 대학생들은 주로 어떤 과외활동을 할까요?

3. 한국과 미국의 사제관계는 어떻게 다를까요?

4. 한국과 미국의 선후배 관계는 어떻게 다를까요?

5. 여러분이 생각하는 대학생활은 어떤 것입니까? 또한 대학생활과 고등학교 생활의 가장 큰 차이는 무엇이며, 어떤 면에서 어떻게 다릅니까?

III: MAIN TEXT
본문

Core Vocabulary (핵심단어): 교육제도, 입시, 대학생활, 과외활동, 동아리, 선후배관계, 사제관계

한국의 교육제도는 미국의 교육제도와 크게 다르지 않다. 한국에서는 초등학교 6학년, 중학교 3학년, 고등학교 3학년을 끝내면 대학교에 가는데 중학교까지가 의무교육이다. 사립학교도 있지만 공립학교가 대부분이다. 고등학교까지만 졸업하는 사람도 있지만 많은 학생들이 대학교에 간다 (대학

진학율이 80%를 넘는다: 김선웅, 한국학교 체제의 성적표, 2004). 그 동안 입시제도는 자주 바뀌어 왔는데 옛날에는 대학마다 따로 시험을 쳐서 학생을 뽑았지만 ('본고사'라고 불렀다) 지금은 '수능'이라고 하는 미국의 SAT같은 국가시험과 고등학교때의 성적 ('내신'이라고 한다), 그리고 논술시험으로 학생을 뽑는다. 그런데 한국에서는 대학입시가 경쟁이 아주 심해서 대학에 들어가기 위해서는, 특히 소위 말하는 '일류대학'에 들어가기 위해서는 중, 고등학교때 공부에만 전념해야 한다. 고등학교때까지는 좀 자유롭게 지내다가 대학생이 되면 공부에 전념하는 미국학생들과는 반대이다. 이렇게 '입시지옥'을 거쳐 대학생이 되면 많은 학생들이 공부보다는 여러가지 과외활동에 참여한다.

'연애파'들은 연애에 많은 시간을 보낸다. 한국의 고등학교는 남녀공학도 있지만 남자고등학교나 여자고등학교도 많다. 그래서 고등학교에 다닐 때는 남자친구나 여자친구를 사귈 기회가 많지 않기 때문에 대학교에 오면 '미팅'이나 '서클' 같은 것을 통해서 이성친구를 만난다. 정치에 관심이 많은 '정치파'들은 공부보다도 학생운동에 더 많은 시간을 보낸다. 1980년대 한국대학 캠퍼스 (교정)에서는 불행히도 거의 날마다 데모(시위)가 있었는데 다른 나라 대학생들보다 한국의 대학생들이 정치문제에 더 민감한 편이다. '현실파' 학생들은 졸업한 후에 좋은 직장에 취직하기 위해 영어나 컴퓨터 등 필요한 기술을 배우면서 취직준비를 한다. 요즘은 특히 '청년실업'문제가 심각해 대학을 졸업해도 취직하기가 어렵기 때문에 일찍 준비를 시작하는 학생들이 많다. 특히 영어는 아주 중요해서 영어실력 향상을 위해 많은 노력을 한다. '학구파' 학생들은 주로 도서관에서 대학원 시험준비를 한다. 취직이 안 되니까 가는 학생들도 있다고는 하지만 대학원에 가는 많은 학생들은 나중에 박사학위를 받고 대학교수가 되려는 학생들이다. 물론 어떤 학생들은 미국이나 캐나다, 호주 등 외국에 있는 대학원에 가기 위해 유학준비를 하기도 한다. 또 많은 학생들은 자기 취미에 따라 스키, 고전음악 등 관심있는 '동아리'에 가입해 취미활동을 하기도 한다.

한국대학과 미국대학의 크게 다른 점 하나는 선, 후배 관계일 것이다. 한국 대학생들에게 선, 후배 관계는 아주 중요한데 이 관계는 학교를 졸업하고 사회에 나가서까지 계속된다. 능력도 중요하지만 한국사회에서는 인맥도 굉장히 중요한 역할을 하기 때문이다. 한국의 사제관계와 미국의 사제관계도 다른 점이 많다. 한국 선생님들은 대체로 권위적이고 엄격한 데 비해 미국 선생님들은 자유롭고 학생들과 친구처럼 지내는 선생님들이 많다. 또 미국에서는 대학생이 되면 보통 집과 부모님을 떠나서 독립하는 것을 당연하게 생각하지만 한국에서는 거의 대부분의 학생들이 결혼할 때까지 여전히 부모님과 같이 산다. 물론 학교가 부모님의 집에서 먼 학생들의 경우는 학교 기숙사나 근처 하숙집에 살거나 자취를 하기도 한다.

어떻게 대학생활을 하든 대학에서는 고등학교 때보다 훨씬 더 많은 자유가 주어지니까 분명한 목표와 계획을 세워서 생활하는 것이 중요하다. 자유와 함께 책임이 따라오기 때문이다. 또 여러가지 일을 한꺼번에 해야 하기 때문에 시간관리를 잘 하는 것도 아주 중요하다.

4-1) 다음의 문장이 본문의 내용과 맞으면 '맞음,' 틀리면 '틀림'을 쓰세요.

If the following statement is true, write T; if false, write F.

1. 한국학생들은 다른 나라 학생들처럼 정치문제에 별로 민감하지 않다. (   )

2. 한국의 고등학교는 거의 다 남녀공학이기 때문에 대부분의 한국학생들은 고등학교때 이성친구를 만날 기회가 많다. (   )

3. 한국학생들은 고등학교때 많이 놀기 때문에 대학교에 들어가면 열심히 공부만 한다. (   )

4. 요즘 한국의 '청년실업' 문제는 대학 졸업생들의 취직을 더욱 어렵게 만들고 있다. (   )

5. 일찍부터 취직준비를 하는 학생들은 학교공부 외에도 필수적 기술을 배우는 데 많은 시간을 보내는데 특히 영어실력 향상을 위해 노력한다. (   )

6. 한국학생들은 고등학교때부터 다양한 과외활동에 참가한다. (   )

7. 한국학생들에게 선후배관계는 미국학생들의 선후배관계만큼 중요하지 않다. (   )

8. 한국선생님들은 대체로 미국선생님들보다 더 엄격하다. (   )

9. 한국에서는 고등학교 생활이 대학생활보다 훨씬 더 자유롭다. (   )

10. 한국학생들도 미국학생들처럼 대학생이 되면 다 집과 부모님을 떠나서 독립한다. (   )

4-2) 본문의 내용에 따라 다음 질문에 간단히 대답하세요.

Based on the information in the main text, briefly answer in writing the following questions.

1. 한국의 교육제도와 미국의 교육제도는 어떤 면에서 비슷합니까?

2. 한국의 대학교는 어떻게 학생을 뽑습니까?

3. 대학입시를 왜 '입시지옥'이라고 했습니까?

4. 본문에서는 학생들이 참여하는 과외활동을 관심에 따라 나누었습니다. 어떤 그룹(모임)이 있었습니까?

5. '연애파'들은 무엇에 관심이 있습니까?

6. '정치파'들은 주로 어디에 많은 시간을 보냅니까?

7. '현실파' 학생들의 가장 큰 관심은 무엇입니까?

8. '학구파' 학생들은 어떤 학생들입니까?

9. 한국에서 선후배관계가 중요한 이유는 무엇입니까?

10. 한국의 선생님들과 미국의 선생님들은 구체적으로 어떻게 다릅니까?

5-1) 보기에서 적당한 단어를 골라 빈 칸을 채우세요.
Fill in the blanks with the appropriate words from the examples.

대학원   성적   과외활동✓   공립학교✓

~~유학~~✓ *study abroad*   학생운동   의무교육   목표

시간관리   선후배관계✓   *target*

1. 한국의 학교는 사립학교도 있지만 <u>공립학교</u> 이/가 대부분이다.

2. 지금 한국대학은 '수능'이라고 하는 미국의 SAT 같은 국가시험과 고등학교때의 _____, 그리고 논술시험으로 학생을 뽑는다.

3. 한국 대학생들에게 <u>선후배관계</u> 은/는 아주 중 요한데 이 관계는 학교를 졸업하고 사회에 나가 서까지 계속된다.

4. '입시지옥'을 거쳐 대학생이 되면 많은 학생들이 공부보다는 여러가지 <u>과외활동</u> 에 참여한다.

5. 어떤 학생들은 미국이나 캐나다, 호주 등 외국에 있는 대학원에 가기 위해 <u>유학</u> 준비를 하기도 한다.

6. 한국에서는 중학교까지가 <u>의무교육</u> 이기 때 문에 누구든지 중학교 교육을 받을 수 있다.

7. 어떤 학생들은 ___대학원___ 시험준비를 하는데 이 학생들은 나중에 박사학위를 받고 대학교수가 되려는 학생들이다.

8. 정치에 관심이 많은 '정치파' 들은 공부보다도 ___학생운동___ 에 더 많은 시간을 보낸다.

9. 대학에서는 고등학교 때보다 훨씬 더 많은 자유가 주어지니까 분명한 ___목표___ 와/과 계획을 세워서 생활하는 것이 중요하다.

10. 대학에서는 여러가지 일을 한꺼번에 하기 때문에 ___시간관리___ 을/를 잘 하는 것도 아주 중요하다.

5-2) 밑줄 친 단어나 표현과 뜻이 가장 비슷한 것을 고르세요.

Choose the word that most closely matches the underlined word or expression.

1. 한국의 교육제도는 미국의 교육제도와 <u>크게 다르지 않다</u>.
   - ㉠. 조금 다르다
   - ㄴ. 많이 다르다
   - ㄷ. 거의 비슷하다
   - ㄹ. 별 관계가 없다

2. 요즘은 대학마다 <u>따로</u> 시험을 쳐서 학생을 뽑는다.
   - ㄱ. 한꺼번에
   - ㉡. 각자
   - ㄷ. 동시에
   - ㄹ. 같이

3. 한국선생님들은 <u>대체로</u> 권위적이고 엄격하다.
ㄱ. 일반적으로   ㄴ. 항상
ㄷ. 약간   ㄹ. 여전히

4. 어떤 학생들은 대학에 들어가면 <u>연애</u>에 많은 시간을 보낸다.
ㄱ. 이성친구 사귀기   ㄴ. 운동과 스포츠
ㄷ. 과외활동   ㄹ. 전공공부

5. 한국학생들이 다른 나라 학생들보다 정치문제에 더 <u>민감한</u> 편이다.
ㄱ. 무관심한   ㄴ. 신경을 쓰는
ㄷ. 무신경한   ㄹ. 무지한

6. 요즘은 대학을 졸업해도 <u>취직하기가</u> 어렵다.
ㄱ. 잘 살기가   ㄴ. 일자리 찾기가
ㄷ. 돈을 많이 벌기가   ㄹ. 학위 얻기가

7. 한국선생님들은 미국선생님들보다 더 <u>엄격하다</u>.
ㄱ. 친절하다   ㄴ. 무섭고 엄하다
ㄷ. 친하다   ㄹ. 조용하다

8. 미국학생들은 대학생이 되면 부모님과 집을 떠나 <u>독립한다</u>.
ㄱ. 혼자 산다
ㄴ. 친구들과 같이 산다
ㄷ. 바쁘게 산다
ㄹ. 학교 기숙사에 산다

5-3) 아래에 설명된 뜻을 가진 단어를 본문에서 찾아 쓰세요.

Write the word from the main text that has the following definition.

1. 가장 우수하고 좋은 것, 최고: **일류대학**

2. 남자와 여자가 같이 다니는 학교: **남녀공학**

3. 대학교에서 가르치는 사람: **박사학위**

4. 외국이나 다른 곳에 공부하러 가는 것: **유학**

5. 무엇이든 마음대로 할 수 있음: **자유롭다**

6. 에세이 쓰기 시험: **논술시험**

7. '클럽'의 순 한국말: **동아리**

8. 고향, 학교 등 같은 것으로 연결된 사람들의 관계: **인맥**

9. 선생과 학생관계: **사제관계**

10. 개인이 세워서 운영하는 학교: **의무교육**

5-4) 맞는 것끼리 연결하세요.

Connect the related words.

....

1. 과외활동에	ㄱ. 세우다
2. 이성친구를	ㄴ. 참여하다
3. 목표를	ㄷ. 사귀다
4. 경쟁이	ㄹ. 심하다
5. 직장에	ㅁ. 치다/보다
6. 시험을	ㅂ. 취직하다

5-5) 잘못 쓰인 것을 하나 고르세요.

Circle the words that are used incorrectly.

....

1. [입시]   ㄱ. 입시생   ㄴ. 입시제도
            ㄷ. 입시철   ㄹ. 입시독립

2. [남녀]   ㄱ. 남녀사회   ㄷ. 남녀공학
            ㄷ. 남녀관계   ㄹ. 남녀노소

3. [이성]   ㄱ. 이성친구   ㄴ. 이성교제
            ㄷ. 이성문제   ㄹ. 이성학교

4. [자유]   ㄱ. 자유시간   ㄴ. 자유경쟁
            ㄷ. 자유학위   ㄹ. 자유연애

5. [과외]   ㄱ. 과외전념   ㄴ. 과외활동
            ㄷ. 과외수업   ㄹ. 과외비

1. 여러분은 대학교육이 꼭 필요하다고 생각합니까?
   여러분이 대학에 온 이유는 무엇이며 대학에서 찾는 것은 무엇입니까?

2. 위의 본문에 나오지 않은 학생들의 그룹을 생각해 봅시다.

3. 한국의 교육제도와 미국의 교육제도를 비교해 보고 장단점 (좋은 점과 나쁜 점)을 토론해 봅시다.

4. 한국의 입시제도와 미국의 입시제도를 비교해 보고 장단점을 토론해 봅시다.

5. 남녀공학과 여자/남자 학교의 장, 단점은 무엇입니까? 여러분이 선택할 수 있다면 어디로 가겠습니까? 왜요?

6. 가장 이상(理想)적인 대학생 선발 방법은 (the most ideal selection method) 무엇이라고 생각합니까?

7. 여러분에게 가장 기억에 남는 수업과 선생님을 생각해 보고 왜 그런지 얘기해 봅시다. (예, 아주 특별한 선생님, 아주 특별한 수업)

1). 여러분의 친구나 클래스메이트 (급우) 중에서 다섯명을 인터뷰해서 그들이 왜 대학에 왔는지, 대학에서 찾는 것이 무엇인지, 지금 대학생활에 만족하는지(satisfied), 그들이 생각하는 바람직한 (desirable) 대학생활은 어떤 것인지 알아본 후 수업시간에 발표해 보세요.

2). 한국의 대학입시제도의 변화에 대해 연구해서 발표해 보세요.

WORD LIST
어휘목록

교육제도(敎育制度)	educational system
의무교육(義務敎育)	compulsory education
사립학교(私立學校)	private school
공립학교(公立學校)	public school
대학진학율(大學進學率)	college/university entrance ratio
따로	separately
뽑다	to select, choose, pick
국가시험(國家試驗)	national exam
성적(成績)	grade
논술시험(論述試驗)	essay writing exam
경쟁(競爭)	competition

일류대학(一流大學)	top rated college, prestigious college
자유(自由)롭다	to be free (자유롭게: freely)
자취(自炊)하다	to cook for oneself (live by one's self)
전념(專念)하다	to focus, concentrate
반대(反對)	opposite
입시지옥(入試地獄)	entrance exam hell
과외활동(課外活動)	extracurricular activity
참여(參與) 하다	to participate
연애(戀愛)	love affair
남녀공학(男女共學)	co-ed school
사귀다	to make (friends) with
이성친구(異性親舊)	friend of the opposite sex
정치(政治)	politics
학생운동(學生運動)	student movement
데모(시위)	demonstration
민감(敏感)하다	to be sensitive
직장(職場)	workplace, job
취직(就職)하다	to get a job
기술(技術)	skills
청년실업(靑年失業)	youth unemployment
영어실력(英語實力)	English language proficiency
향상(向上)	improvement
박사학위(博士學位)	Ph.D. degree
유학준비(留學準備)	preparation for study abroad
고전음악(古典音樂)	classical music
동아리	club, circle
선,후배관계	upperclassman-underclassman

(先,後輩關係)	relationship
능력(能力)	ability
인맥(人脈)	human connection
역할(役割)	role
사제관계(師弟關係)	teacher-student relationship
대체(大體)로	on the whole
권위적(權威的)이다	to be authoritative
엄격(嚴格)하다	to be strict
독립(獨立)하다	to become independent, stand alone
당연(當然)하다	to be natural (당연하게/당연히: naturally)
목표(目標)	goal
책임(責任)	responsibility
하숙(下宿)집	boarding house
한꺼번에	at a time, all at once
시간관리(時間官理)	time management

여가시간과 영화
LEISURE TIME AND MOVIES

Unit Focus: 영화의 특성과 역할, 그리고 한국영화의 현황을 이해한다.

I: BACKGROUND INFORMATION
도입

Movies have come a long way from the silent, nickelodeon flicks of the early 20th century. As the creation and production of a movie has become much more sophisticated, the audience's response has become increasingly involved as well. What draws viewers to the theatre again and again to watch a movie that is two, even three hours long? Why are moviegoers willing to spend nine dollars to watch a movie? Have movies truly become a national pastime?

화려한 영화 간판이 걸려 있는 서울의 한 극장 모습.

1. 영화가 다른 예술과 다른 점은 무엇이라고 생각합니까?

2. 많은 사람들이 영화를 즐기는 이유는 무엇일까요?

3. 관객이 좋아하는 영화는 개인에 따라 다를 것입니다. 여러분이 생각하는 좋은 영화는 어떤 영화입니까? 관객이 많은 영화가 반드시 좋은 영화일까요?

4. 여러분이 본 한국영화가 있다면 한국영화의 특성은 무엇이라고 생각합니까?
   그리고 미국영화와 어떻게 다릅니까?

III: MAIN TEXT
본문

Core Vocabulary (핵심단어): 여가시간, 상영, 관객, 오락, 배우, 감독, 주제, 장면, 감동

영화는 누구나 다 좋아하는 대중예술이며 종합예술이다. 영화에는 이야기가 있고, 배우들의 연기가 있고, 감독의 연출이 있고, 아름다운 경치가 있고, 또한 음악이 있다. 이 모든 것이 함께 어울려서 한 편의 영화가 만들어진다. 영화광은 말할 것도 없

hanging out

고 영화를 그리 자주 보러 다니지 않는 사람에게도 잊을 수 없는 영화가 적어도 한, 두 편은 있다. 주말 극장가에서는 영화를 보면서 데이트를 즐기는 [enjoy] 연인들을 쉽게 볼 수 있고, 영화는 많은 사람들의 대화에 중요한 주제가 되기도 한다.

사람들이 시간과 돈을 들여서 영화를 보러 가는 이유는 여러가지가 있을 것이다. 또 직접 극장에 가서 보지 못할 때는 집에서 비디오나 DVD로, 또는 케이블 텔레비전(유선방송)에서 해 주는 영화를 얼마든지 볼 수 있다. 요즘은 비디오나 DVD가 없는 집은 거의 없기 때문에 누구든지 쉽고 편하게 영화를 볼 수 있다. 왜 영화를 보든, 어디서 보든, 영화는 많은 사람들이 선호하는 여가시간 보내기 중의 하나임에 틀림없다.

우리에게 감동을 주는 영화는 나이나 영화를 볼 때의 생각과 분위기, 또는 우리가 좋아하는 배우나 [actor] 감독에 따라 다를 수 있다. 어떤 사람은 어른이 되어서 본 "이.티.(E.T.)"가 정말 감동적이었다고 한다. 또 어떤 사람은 "터미네이터"가 너무 재미있어서 10번이나 보았다고 한다. 어떤 사람은 애정영화를 좋아하고, 어떤 사람은 공상과학영화를 좋아하고, 어떤 사람은 코믹영화를 좋아하고, 어떤 사람은 액션영화를 좋아한다. 또 어떤 사람은 영화의 종류에 관계없이 [regardless] 무조건 다 본다. 어떤 영화를 좋아해서 즐겨보든 우리는 영화를 보면서 영화속의 인물들과 함께 웃기도 하고 울기도 한다. 그것은 우리가 우리의 삶에서 살지 못하는 다른 모습의 삶을 간접적으로 경험할 수 [shape] [experience] 있기 때문이다.

그러면, 좋은 영화는 어떤 영화일까? 우리가 수년 전에 [a couple years ago] 본 어떤 영화의 마지막 장면을 오랫동안 잊을 수 없는 이유는 무엇일까? 1990년대 초반 한국에서는 <서편제>라는 영화가 굉장한 인기를 얻었었는데, 그 가장 큰 이유는 아마도 <서편제>가 한국적인 주제를 다룬 아주 한국적인 영화였기 때문일 것이다.

of Korea

세계가 한 나라처럼 가까워진 지금 미국 헐리우드 영화는 한국에서도 상당히 많이 상영되고 있다. 한 통계에 따르면, 1987년부터 1993년까지 한국에서 상영된 영화중에서 관객을 제일 많이 동원한 영화의 90%가 미국영화였다고 한다. 그런데 1990년대 들어 좋은 한국영화가 많이 만들어지면서 한국영화가 관객들로부터 많은 사랑을 받고 있는 것은 아주 다행스러운 일이다. 1999년에 나온 <쉬리>는 <타이타닉>이 가지고 있던 최다관객동원 기록을 깨면서 한국영화의 새로운 장을 열었다. 이어서 <공동경비구역>, <친구>, <태극기 휘날리며>, <실미도>, <왕의 남자> 등이 나오면서 한국영화의 르네상스는 계속되고 있다. 뿐만 아니라 베니스, 베를린, 칸 등 유명한 국제영화제에서도 한국영화들이 상당한 관심을 받고 있다. 물론 이 영화들이 다 좋은 영화들이기 때문이라고 할 수 있을지는 모르겠지만 예전, 특히 90년대 이전과 비교해 볼 때 한국영화의 발전은 주목할 만하다. 헐리우드 영화들이 대부분 지나치게 폭력적이고 선정적이며 상업적이라는 점을 고려할 때 더욱 그렇다.

아무튼 영화의 가장 큰 기능은 오락이겠지만 영화가 대중들에게 미치는 영향, 특히 교육적인 영향을 생각하면 영화제작자들은 좋은 영화를 만들기 위해서 노력해야 한다. 또한 관객들은 좋은 영화를 골라서 볼 줄 아는 눈을 가져야 한다.

4-1) 다음의 문장이 본문의 내용과 맞으면 '맞음,' 틀리면 '틀림'을 쓰세요.

If the following statement is true, write T; if false, write F.

1. 영화는 종합예술이지만 대중예술은 아니다. (   )

2. 80년대 후반부터 90년대 초반까지 한국에서 관객을 제일 많이 동원한 영화는 외국영화가 아니라 한국영화였다. (   )

3. 영화는 우리 자신의 삶과는 아주 다르기 때문에 그냥 보고 즐기면 된다. (   )

4. 영화는 극장에서만 볼 수 있으니까 바쁜 사람들은 영화를 보기 어렵다. (   )

5. 우리에게 감동을 주는 영화는 항상 같지 않다. (   )

6. 헐리우드 영화들은 폭력과 섹스를 다룬 것들이 많아 교육적이지 않다. (   )

7. 영화를 보는 것은 관객의 마음이니까 무조건 많이 보는 것이 좋다. (   )

8. 영화의 교육적 영향이 크기 때문에 영화제작자는 돈만 생각하지 말고 좋은 영화를 만들기 위해 노력해야 한다. (   )

9. 요즘은 영화비가 너무 비싸져서 영화를 보기가 더 어려워졌다. (   )

10. 어린이들을 위해 만든 "이.티." 같은 영화는 어른들에게는 감동을 주지 못한다. (   )

4-2) 본문의 내용에 따라 다음 질문에 간단히 대답하세요.

Briefly answer the following questions in writing based on the main text.

1. 영화를 대중예술이라고 하는 이유는 무엇입니까?

2. 영화를 종합예술이라고 하는 이유는 무엇입니까?

3. 우리에게 감동을 주는 영화는 여러 요인(要因 factors)에 따라 달라집니다. 그 요인들은 무엇입니까?

4. 우리가 영화를 보면서 '영화속의 인물들과 함께 웃기도 하고 울기도 한다'는 건 무슨 뜻입니까?

5. <서편제>가 큰 인기를 얻은 이유는 무엇이었습니까?

6. 1999년 이후 한국영화의 르네상스(부흥기)를 시작한 영화들은 무엇이었습니까?

7. 사람들이 헐리우드 영화를 걱정하는 이유는 무엇입니까?

8. 영화제작자들은 왜 좋은 영화를 만들기 위해 노력해야 합니까?

V: VOCABULARY EXERCISES
단어연습

5-1) 보기에서 적당한 단어를 골라 빈 칸을 채우세요.

Fill in the blanks with the appropriate word from the examples.

연기   분위기   대중예술   경치   장면

감동   인물   종합예술   주제   영화광

1. 영화는 많은 사람들의 대화에 중요한
   ＿＿＿＿＿＿이/가 되기도 한다.

2. 우리에게 감동을 주는 영화는 영화를 볼 때의 생
   각과 ＿＿＿＿＿＿에 따라 다르다.

3. 잘 만들어진 좋은 영화는 보는 사람들에게
   ＿＿＿＿＿＿을/를 준다.

4. 영화는 이야기와 음악, 영상 등 여러가지가 어울
   려 만들어지기 때문에 ＿＿＿＿＿＿이라고 한
   다.

5. 영화는 하나 하나의 ＿＿＿＿＿＿이/가 이어져
   서 전체 이야기를 만든다.

6. 좋은 영화는 이야기도 좋아야 하지만 배우가
   ＿＿＿＿＿＿을/를 잘 해야 한다.

7. 영화를 너무 좋아해서 영화를 많이 보러 다니는
   사람은 ＿＿＿＿＿＿이다.

8. 훌륭한 배우는 자기가 맡은 _____을/를
잘 연기해야 한다.

9. 영화에는 이야기가 있고 아름다운 _____
이/가 있고 또 음악이 있다.

10. 영화는 많은 사람들이 보고 즐기기 때문에
_____이다.

5-2) 밑줄 친 단어나 표현과 뜻이 가장 비슷한 것을 고
르세요.

Choose the word closest in meaning to the underlined word or
expression.

1. 주말 극장가에는 영화를 보면서 데이트를 즐기
는 연인들을 쉽게 볼 수 있다.
ㄱ. 사랑하는 사람   ㄴ. 친구
ㄷ. 가족   ㄹ. 친척

2. 한때 한국에서는 한국영화보다 헐리우드 영화가
더 많이 상영되었다.
ㄱ. 사랑받았다   ㄴ. 보여졌다
ㄷ. 팔렸다   ㄹ. 상상되었다

3. 몇년 전 한국에서는 <서편제>라는 영화가 굉장
한 인기를 얻었었다.
ㄱ. 관심을 끌었다   ㄴ. 돈을 벌었다
ㄷ. 상을 받았다   ㄹ. 문제를 일으켰다

4. 어떤 사람들은 톰 크루즈의 굉장한 팬이어서 그가 나오는 영화는 <u>무조건</u> 본다고 한다.
    ㄱ. 생각해 보고
    ㄴ. 시간이 있을 때는 언제나
    ㄷ. 이것 저것 따지지 않고
    ㄹ. 잘 몰라도

5. 작년에 한국에서 상영된 영화중에 관객을 제일 많이 <u>동원한</u> 영화는 한국영화였다.
    (ㄱ.) 모은   ㄴ. 실망시킨
    ㄷ. 감동시킨   ㄹ. 만난

6. 영화를 자주 보러 다니지 않는 사람에게도 잊을 수 없는 영화가 <u>적어도</u> 한, 두 편은 있다.
    ㄱ. 많으면   ㄴ. 보통
    (ㄷ.) 최소한   ㄹ. 거의

7. 1999년에 나온 〈쉬리〉는 〈타이타닉〉이 가지고 있던 최다관객동원 기록을 깨면서 <u>한국영화의 새로운 장을 열었다.</u>
    ㄱ. 한국영화에 엄청난 인기를 몰고 왔다
    ㄴ. 한국영화에 큰 변화를 가져왔다
    ㄷ. 한국영화를 처음부터 새로 시작하게 했다
    ㄹ. 한국영화만 상영하게 만들었다

8. 특히 90년대 이전과 비교해 볼 때 최근 한국영화의 발전은 <u>주목할 만하다.</u>
    ㄱ. 말로 설명할 수 없다
    ㄴ. 큰 관심을 끌 정도는 아니다
    (ㄷ.) 눈여겨 볼 만하다
    ㄹ. 칭찬을 받을 만하다

9. 영화제작자들은 좋은 영화를 만들기 위해 <u>노력</u> <u>해야</u> 한다.
　　ㄱ. 더 생각해야　ㄴ. 날마다 연습해야
　　ㄷ. 애써야　　　ㄹ. 노동해야

5-3) 아래에 설명된 뜻을 가진 단어를 본문에서 찾아 쓰세요.

Write the word from the main text that has the following definition.

1. 스티븐 스필버그와 임권택은 미국과 한국의 대 표적인 _____

2. 영화를 보러 가는 사람: _____

3. 영화를 만드는 사람: _____

4. 연기를 하는 사람: _____

5. 배우들이 연극이나 영화에서 하는 말: _____

6. 영화의 한 종류로 사랑을 주제로 만든 영화: _____

7. 영화 속에서 배우들이 연기하는 사람들: _____

5-4) 맞는 것끼리 연결하세요.

Connect the related words.

1. 관객을   ㄱ. 상영되다

2. 통계에   ㄴ. 동원하다

3. 영화가   ㄷ. 따르다

4. 돈을   ㄹ. 들이다

5. 인기를   ㅁ. 얻다

5-5) 잘못 쓰인 것을 하나 고르세요.

Circle the words that are used incorrectly.

1. [대중]   ㄱ. 대중예술   ㄴ. 대중문화
            ㄷ. 대중대사   ㄹ. 대중소설

2. [종합]   ㄱ. 종합시험   ㄴ. 종합예술
            ㄷ. 종합성적   ㄹ. 종합주제

3. [__적(的)] ㄱ. 선정적   ㄴ. 영향적
              ㄷ. 폭력적   ㄹ. 감동적

4. [__광(狂)] ㄱ. 대화광   ㄴ. 영화광
              ㄷ. 스포츠광   ㄹ. 자동차광

5. [__가(街)] ㄱ. 극장가   ㄴ. 대학가
              ㄷ. 유흥가   ㄹ. 오락가

1. 여러분이 가장 잊을 수 없는 영화는 무엇입니까? 내용을 간단히 요약하고 왜 잊을 수 없는지 애기해 봅시다.

2. 가장 살아보고 싶은 영화 속 인물을 하나 정하고 왜 그런지 애기해 봅시다.

3. 어떤 사람들은 요즘 영화가 너무 폭력적이고 비도덕적(amoral, unethical) 이라고 하는데 여러분 생각은 어떻습니까?

4. 어떤 사람들은 한국영화가 재미없다고 하는데 왜 그렇다고 생각합니까?

   한국영화와 미국영화를 비교해서 토론해 봅시다.

5. 영화의 종류에는 어떤 것이 있습니까? 여러분이 특히 좋아하는 영화는 어떤 영화이며 왜 그렇습니까?

6. 상업영화와 예술영화의 관계에 대해서 생각해 봅시다.

1). 여러분이 최근에 본 영화를 하나 골라 읽고 '평'을 써 봅시다. 그리고 신문이나 잡지에 나와 있는 '평'을 하나 골라 여러분이 쓴 평과 비교해 보세요.

2). 최근에 한국영화가 세계 영화인들의 큰 관심을 얻고 있는데 1990년대 이후 한국 영화 발전에 대해 '리서치'를 해서 발표해 봅시다. 특히, 세계 3대 영화제라 불리는 칸, 베를린, 베니스 국제영화제에서 수상한 한국영화를 중심으로 생각해 보세요.

WORD LIST
어휘목록

대중예술(大衆藝術)	popular art
종합예술(綜合藝術)	synthetic, composite art
연기(演技)	acting
감독(監督)	director
연출(演出)	directing (a movie, play, etc.)
영화광(映畵狂)	movie maniac
연인(戀人)	lover
대화(對話)	dialogue, conversation
주제(主題)	topic
선호(選好)하다	to prefer

여가시간(餘暇時間)	leisure time, spare time
틀림없다	to be certain
감동(感動)을 주다	to touch (someone's heart)
분위기(雰圍氣)	atmosphere
애정영화(愛情映畵)	romance movie
공상과학영화 (空想科學映畵)	sci-fi movie
종류(種類)	kind, sort
무조건(無條件)	unconditionally
인물(人物)	character
삶	life (in an abstract sense)
간접적(間接的)으로	indirectly
마지막 장면(場面)	last scene
인기(人氣)	popularity
이유(理由)	reason
상당(相當)히	considerably
통계(統計)	statistics
상영(上映)되다	to be screened
관객(觀客)	moviegoer
동원(動員)하다	to attract, gather
기록(記錄)	a record
다행(多幸)스럽다	to be fortunate
국제영화제 (國際映畵祭)	international film festival
비교(比較)하다	to compare
주목(注目)하다	to pay attention to
폭력적(暴力的)이다	to be violent
선정적(煽情的)이다	to be provocative
상업적(商業的)이다	to be commercial

고려(考慮)하다	to consider
기능(機能)	function
오락(娛樂)	entertainment
영향(影響)	influence
영화제작자(映畵製作者)	movie-maker
노력(努力)하다	to make an effort

내 인생에 좋은 영향을 미친 사람들
MY HEROES,
MY ROLE MODELS

Unit Focus: 우리들의 삶에 좋은 영향을 미치는 사람들, 특히 한국의 위인들에 대해 배운다.

I: BACKGROUND INFORMATION
도입

Franklin D. Roosevelt. Nelson Mandela. Mother Teresa. These names have something in common: fame. But these people also serve as heroes for many people. These idealized models represent the good of humankind, but is a hero the same as the person who influences you the most? It is important not simply to impress people from afar but also to impact people up close. Who are your role models?

누구든지 다른 사람에게 좋은 영향을 미칠 수 있다. 특히 부모님은 가장 가까운 '롤모델'이 될 수 있다.

II: PRE-READING QUESTIONS
준비학습

1. 여러분의 '롤모델'은 누구입니까? 왜 그 사람을 여러분의 '롤모델'로 생각합니까?

2. 사람들의 삶에서 '롤모델'이 필요한 이유는 무엇입니까?

3. 어떤 사람들을 우리는 위인이라고 생각합니까? 그들이 가진 공통점은 무엇입니까?

III: MAIN TEXT
본문

Core Vocabulary (핵심단어): 위인, 전기, 영향, 존경, 자랑스럽다, 책임

우리는 태어나서 살아가는 동안에 많은 사람들을 만난다. 우리는 그 사람들을 직접 만나기도 하고, 책이나 영화 또는 다른 사람들과의 대화를 통해서 간접적으로 만나기도 한다. 어릴 때 우리는 위인들의 전기를 읽고 그들을 존경하게 되며, 우리도 커서 그런 사람이 되고 싶은 꿈을 키운다.

우리의 삶에 영향을 미치는 사람은 많이 있다. 멀리는 우리가 책에서 만난 위인들이 될 수도 있고, 가까이는 부모님이나 날마다 만나는 친구, 선생님, 목사님이나 신부님이 될 수도 있다. 우리가 만나는 사

람들은 그들의 행동이나 말을 통해서 직접적 또는 간접적으로 우리의 삶에 영향을 준다.

한국역사에도 존경받는 위인들이 많이 있다. 세계에서 가장 과학적인 문자로 알려진 한글을 만든 세종대왕, 1592년 일본이 한국을 침략했을 때 거북선을 만들어 나라를 지킨 이순신 장군, 1919년 3.1운동 때 16살의 어린 나이로 나라의 독립을 위해 용감하게 싸운 유관순 누나가 있다. 이들은 모두 자신의 믿음을 따라서, 나라를 위해서 열심히 산 사람들이다. 최근에도 여러 분야에서 자신과 나라의 이름을 빛내는 사람들이 많다. 세계적으로 유명한 음악가인 정 트리오, 안 트리오, 사라 장, 성악가 조 수미, 얼마 전에 세상을 떠난 세계적인 비디오 예술가 백 남준과 세계보건기구 사무총장 이 종욱, 한국인 최초로 유엔 (UN) 사무총장이 된 반 기문, 1992년 바르셀로나 올림픽에서 마라톤 금메달을 딴 장 영조 선수, 한국 최초의 미국 메이저리그 야구선수 박 찬호, 미국 여자 골프계에서 큰 활약을 하고 있는 박 세리, 미쉘 위 등 모두가 자랑스런 한국인들이다.

나는 무엇이 되고 싶은가? 나는 어떻게 다른 사람들에게 좋은 영향을 줄 수 있는 훌륭한 사람이 될 수 있을까? 길은 여러가지가 있을 것이다. 선생님이 되어 학생들을 잘 가르치고 그 학생들이 사회에 꼭 필요한 사람이 될 수 있게 도와주는 것도 좋다. 의사가 되어서 병들고 아픈 사람들을 고쳐 주는 것도 좋다. 예술가가 되어 사람들의 정서를 풍부하게 해 주는 것도 의미있는 일이 될 것이다. 에디슨 같은 유명한 발명가가 되어 사람들이 더 편리하게 살 수 있게 도와주는 것도 좋다. 사회사업가가 되어 가난하고 불쌍한 사람들과 고통을 나누는 것도 보람있는 일이다. 운동선수가 되어 사람들의 여가시간을 즐겁게 해 주는 것도 좋다. 그러나 꼭 유명한 사람이 될 필요는 없다. 무엇이 되든, 무엇을 하든, 우리는 각자 자신의 삶과 사회에 책임을 져야 한다. 그래서 평범한 사람이지만 하루하루의 생활에서 다른 사람들에게 미치는 자신의 영향에 대해서 진지하게 생각하면서 살아야 하지 않을까? 나도 누군가에게 '롤모델'이 되어야 하지 않을까?

IV: COMPREHENSION QUESTIONS
이해 확인

4-1) 다음의 문장이 본문의 내용과 맞으면 '맞음,' 틀리면 '틀림'을 쓰세요.

If the following statement is true, write T; if false, write F.

1. 우리는 살아가면서 대부분의 사람을 직접 만난다. (　　)

2. 우리의 삶에 영향을 미치는 사람은 가까운 사람들뿐이다. (　　)

3. 우리는 다른 사람들의 말과 행동을 통해서 영향을 받는다. (　　)

4. 이순신 장군은 중국이 한국을 침략했을 때 거북선을 만들어 나라를 지켰다. (　　)

5. 세계적으로 유명한 정 트리오와 안 트리오는 비디오예술가들이다. (   )

6. 1992년 바르셀로나 올림픽에서 장 영조 선수는 태권도에서 금메달을 땄다. (   )

7. 훌륭한 사람들은 다 유명한 사람들이다. (   )

8. 도움이 필요한 사람을 도와주는 것은 보람있는 일이다. (   )

9. 평범한 사람들은 다른사람들에게 미치는 자신의 영향에 대해서 깊이 생각하지 않아도 괜찮다. (   )

10. 누구든지 자신의 삶과 사회에 책임을 느끼며 사는 것이 중요하다. (   )

4-2) 본문의 내용에 따라 맞는 것끼리 연결하세요.

Connect the appropriate words based on the main text.

1. 한글   ㄱ. 유 관순

2. 거북선   ㄴ. 황 영조

3. 3.1운동   ㄷ. 세종대왕

4. 바르셀로나 올림픽   ㄹ. 이 종욱

5. 세계보건기구   ㅁ. 이 순신

6. 유엔   ㅂ. 반 기문

5-1) 보기에서 적당한 단어를 골라 빈 칸을 채우세요.

Fill in the blanks with the appropriate word from the examples.

....

독립	고통	사회	믿음	행동
존경	대화	분야	책임	활약

1. 어릴 때 우리는 위인들의 전기를 읽고 그들을 _____하게 되며, 우리도 커서 그런 사람 이 되고 싶은 꿈을 키운다.

2. 우리가 만나는 사람들은 그들의 _____ (이)나 말을 통해서 직접적 또는 간접적으로 우 리의 삶에 영향을 준다.

3. 1919년 3.1운동 때 유 관순 누나는 16살의 어린 나이로 나라의 _____을/를 위해 싸웠다.

4. 세종대왕이나 이 순신, 그리고 유 관순은 모두 자신의 _____을/를 따라서 열심히 살았 다.

5. 미국 여자 골프계에서 큰 _____을/를 하 고 있는 박 세리, 미쉘 위도 자랑스런 한국인이 다.

6. 선생님이 되어 학생들이 _____에 꼭 필 요한 사람이 될 수 있게 도와주는 것도 좋다.

7. 사회사업가가 되어 가난하고 불쌍한 사람들과
   _____을/를 나누는 것도 보람있는 일이
   다.

8. 우리는 사람들을 직접 만나기도 하고, 책이나 영
   화 또는 다른사람들과의 _____을/를 통
   해서 간접적으로 만나기도 한다.

9. 무엇을 하든지 우리는 각자 자신의 삶과 사회에
   _____을 져야 한다.

10. 최근에도 여러 _____에서 자신과 나라의
    이름을 빛내는 사람들이 많다.

5-2) 밑줄 친 단어나 표현과 뜻이 가장 비슷한 것을 고
르세요.

*Choose the word closest in meaning to the underlined word or
expression.*

1. 예술가는 예술을 통해 인간의 <u>정서를</u> 풍부하게
   해 준다.
      ㄱ. 지식을   ㄴ. 감정을
      ㄷ. 행동을   ㄹ. 고통을

2. 사회사업가가 되어 고통받는 사람들을 도와주는
   것도 <u>보람있는</u> 일이다.
      ㄱ. 기쁘고 만족스러운
      ㄴ. 사람들에게 인기있는
      ㄷ. 모두가 좋아하는
      ㄹ. 돈을 많이 버는

3. 최근에도 여러 분야에서 자신과 나라의 이름을 빛내는 사람들이 많다.
   - ㄱ. 널리 알리는
   - ㄴ. 놀라게 하는
   - ㄷ. 열심히 닦는
   - ㄹ. 부끄럽게 하는

4. 정 트리오, 사라 장, 조 수미, 황 영조 등은 다 자랑스런 한국인들이다.
   - ㄱ. 내세우고 싶은
   - ㄴ. 사랑하는
   - ㄷ. 멋있는
   - ㄹ. 똑똑한

5. 얼마 전에 세상을 떠난 세계적인 비디오 예술가 백 남준과 세계보건기구 총재 이 종욱도 훌륭한 한국인 중의 하나다.
   - ㄱ. 이민 간
   - ㄴ. 상을 받은
   - ㄷ. 한국에 왔다 간
   - ㄹ. 죽은

6. 우리 모두는 대부분 평범한 사람들이다.
   - ㄱ. 특별한
   - ㄴ. 유명한
   - ㄷ. 보통
   - ㄹ. 행복한

5-3) 아래에 설명된 뜻을 가진 단어를 본문에서 찾아 쓰세요.

Write the word from the main text that has the following definition.

1. 한 사람이 태어나서 죽기까지의 삶을 그린 책:
   _____

2. 에디슨이나 벨처럼 필요하고 편리한 물건을 처음 만든 사람: _____

3. 역사에 이름이 남을 훌륭한 일을 한 사람들: _____

4. 운동을 잘 하는 사람: _____

5. 화가, 음악가, 무용가 등을 다 부르는 말: _____

6. 가난하고 불쌍한 사람들을 도와주는 사람: _____

5-4) 맞는 것끼리 연결하세요.

Connect the related words.

1. 꿈을   ㄱ. 빛내다

2. 이름을   ㄴ. 키우다

3. 메달을   ㄷ. 따다

4. 지식을   ㄹ. 들다

5. 책임을   ㅁ. 얻다

6. 병이   ㅂ. 지다

5-5) 잘못 쓰인 것을 하나 고르세요.

Circle the words that are used incorrectly.

....

1. [＿＿가(家)]   ㄱ. 발명가   ㄴ. 예술가

                        ㄷ. 지식가   ㄹ. 음악가

2. [＿＿님]   ㄱ. 신부님   ㄴ. 각자님

                        ㄷ. 목사님   ㄹ. 선생님

3. [＿＿있는]   ㄱ. 자랑있는   ㄴ. 보람있는

                        ㄷ. 의미있는   ㄹ. 책임있는

4. [＿＿스럽다]   ㄱ. 사랑스럽다   ㄴ. 자랑스럽다

                        ㄷ. 창피스럽다   ㄹ. 불쌍스럽다

5-6) 다음 단어의 반대말을 본문에서 찾아 쓰세요.

Write the antonyms of the following words from the main text.

....

1. 직접적으로: ＿＿＿＿＿＿＿＿＿

2. 태어나다: ＿＿＿＿＿＿＿＿

3. 최후의: ＿＿＿＿＿＿＿＿

4. 부끄러운: ＿＿＿＿＿＿＿＿

5. 부족하다: ＿＿＿＿＿＿＿＿

6. 불편하게: ＿＿＿＿＿＿＿＿

토론과 작문 질문

1. 여러분의 삶에 가장 영향을 미친 사람은 누구입니까? 여러분이 닮고 싶은, 그리고 존경하는 사람을 골라 그 사람이 어떻게 내 삶에 영향을 미쳤는지 구체적으로 설명해 봅시다.

2. 여러분은 어떤 사람이 위대한 사람이라고 생각합니까? 미국 역사에서 위인으로 불리는 사람을 세 명 골라 그 사람들이 공통적으로 가지고 있는 특성은 어떤 것인지 토론해 봅시다.

3. 여러분은 어떻게 다른 사람에게 '롤모델'이 될 수 있다고 생각합니까? 여러분이 되고 싶은 미래의 모습을 상상해서 얘기해 보세요.

관련과제

1. 본문에 나온 한국의 위인 한 사람을 골라 관련 자료(related materials)를 읽은 후 그 사람의 전기를 여러분의 말로 다시 써(reconstruct) 보세요.

2. 여러분이 잘 아는 미국의 위인 5명과 한국의 위인 5명을 골라 그들이 왜 위인으로 존경받고 있는지 비교, 설명해 보세요.

직접(直接)	directly
위인(偉人)	great historical figure
전기(傳記)	biography
존경(尊敬)하다	to respect (a person)
꿈을 키우다	to cultivate aspirations (lit. to raise a dream)
영향(影響)을 미치다	to exert influence
행동(行動)	behavior
세계(世界)	world
과학적(科學的)이다	to be scientific
문자(文字)	letter
침략(侵略)하다	to invade
거북선	turtle-shaped boat
장군(將軍)	admiral, general
독립(獨立)	independence
용감(勇敢)하다	to be brave (용감하게: bravely)
믿음	belief
분야(分野)	field
이름을 빛내다	to win fame, to bring glory to one's homeland
음악가(音樂家)	musician
성악가(聲樂家)	classically trained vocalist
세상(世上)을 떠나다	to die
최초(最初)의	the very first
세계보건기구 (世界保健機構)	WHO (World Health Organization)

사무총장(事務總長)	secretary general
예술가(藝術家)	artist
금(金)메달	gold medal
선수(選手)	athlete
활약(活躍)하다	to play an active part in
자랑스럽다	to be proud of
훌륭하다	to be great
병(病)들다	to get sick
사회사업가 (社會事業家)	social worker
고통(苦痛)	pain, suffering
보람있다	to be rewarding
정서(情緖)	emotion
풍부(豊富)하다	to be rich
의미(意味)있다	to be meaningful
발명가(發明家)	inventor
편리(便利)하다	to be convenient (편리하게: conveniently)
평범(平凡)하다	to be ordinary, common
일상생활(日常生活)	daily life
진지(眞摯)하다	to be serious (진지하게: seriously)

한국사회와 예절
KOREAN SOCIETY AND ETIQUETTE

Unit Focus: 한국의 예절은 어떤 것이 있는지, 왜 예절을 지키는 것이 중요한지 배운다.

I: BACKGROUND INFORMATION
도입

"When in Rome, do as the Romans do." This axiom applies to travelers who attempt to duplicate the customs of their host country. The customs and etiquette of a society have a common function: to show courtesy and respect to others within the rules applicable to that society. From a Western perspective, Korean etiquette can seem strange. But Korean customs (such as bowing instead of shaking hands when greeting someone) share a similar purpose to their Western counterparts.

예(禮)의 거리

이 거리에서는 성균인 모두가 인사를...

先三禮

先禮後敎 · 예를 갖출때 비로소 가르침이 있습니다.
先禮後奉 · 예를 갖출때 비로소 서비스가 있습니다.
先禮後敬 · 예를 갖출때 비로소 공경이 있습니다.

한국에서는 옛날부터 예절의 중요성을 강조해 왔다. 한 대학교 안에 있는 '예의 거리' 팻말.

1. 여러분이 알고 있는 한국예절은 어떤 것이 있습니까?

2. 한국에 특히 지켜야 할 예절이 많은 이유는 무엇일까요?

3. 나라나 문화, 그리고 사회변화에 관계없이 누구나 지켜야 하는 일반적인 예절은 어떤 것이 있습니까?

4. 예절을 꼭 지켜야 합니까? 지키지 않으면 어떤 문제가 생깁니까?

III: MAIN TEXT
본문

Core Vocabulary (핵심단어): 예절/예의, 존댓말, 버릇없다, 공손하다, 존경, 윗사람/아랫사람, 어른

한국은 옛날부터 '동방예의지국'으로 잘 알려져 있는데 그래서 그런지 한국에는 여러가지 예절이 있다. 이 예절은 존댓말을 쓰는 것부터 공손한 태도까지 모든 것을 포함한다. 또 인사를 할 때의 예절, 식사때의 예절, 술을 마실 때의 예절, 손님이 오셨을 때의 예절, 공공장소에서의 예절 등, 그때 그때

의 상황이나 경우에 따라 지켜야 할 예절이 많다. 물론 어떤 예절들은 한국의 예절이라고 하기 보다는 어느 나라에서나 지켜야 하는 보편적인 예절이라 할 수 있지만, 어떤 예절들은 한국문화를 반영하는 한국적인 예절이라 볼 수 있다.

산업화와 현대화가 되기 이전의 대가족제도 하에서는 할아버지-할머니, 아버지-어머니, 그리고 아이들, 적어도 3대가 같이 한 집에 사는 가정이 많았다. 이런 가정에서는 어른들(할아버지와 할머니)이 집안의 중심이었기 때문에 중요한 결정은 대부분 어른들이 했고 아랫사람은 최대한 웃어른의 말씀을 따랐다. 윗사람에 대한 존경은 일상생활에서도 잘 나타나는데 아랫사람은 윗사람인 할아버지, 할머니께 아침, 저녁으로 문안인사를 드렸을 뿐만 아니라 먼길을 떠나거나 다녀온 후에는 큰 절을 올렸다. 또 아랫사람들은 어른들 앞에서는 모든 행동을 조심해야 했다. 물론 담배를 피우거나 술을 마시는 것도 예의에 어긋나는 일이었다. 혹시 어른들과 술자리에 앉을 기회가 있어서 어른들이 술을 주시면 두손으로 받은 후 고개를 조금 옆으로 돌려 조용히 마시는 것이 예의였다.

식사예절 또한 좀 까다로웠다. 보통 집안의 어른들은 따로 상을 받았는데 아랫사람들이 어른들과 같이 식사를 하게 될 경우 어른들이 수저를 들기 전에 먼저 먹는 것은 버릇없는 일이다. 음식을 다 먹은 후에도 어른들이 식사를 끝내고 수저를 놓을 때까지 자리에서 일어나지 않고 기다리는 것이 예의이다. 만일 먼저 자리에서 일어나야 하면 어른들의 허락을 받는 것이 좋다. 그리고 음식을 먹을 때 '쩝쩝' '후루룩' 같은 소리를 내거나 말을 많이 하는 것도 좋지 않다.

어른들한테서 꾸중을 들을 때는 말대꾸를 하거나 변명을 해서는 안 된다. 하고 싶은 말이 있으면 어른들의 말씀이 다 끝날 때까지 기다렸다가 공손하게 자신의 생각을 이야기해야 한다. 그리고 어른들과 이야기할 때는 꼭 존댓말을 써야 한다. 또 집에 손님이 오셔서 어른들과 이야기하고 계실 때 쓸데없이 나서서 참견을 해서도 안 된다. 어른들이 부르시지 않으면 인사를 드린 후에 조용히 자기 방에 가서 있는 것이 예의이다. 손님이 떠나실 때는 방에서 작별인사를 해서는 안 되고 대문앞까지 나가서 인사를 드려야 한다.

유교사상의 영향을 많이 받은 한국사회는 어른들에 대한 존경을 가장 중요한 덕목 중의 하나로 생각했다. 그러나 이런 예절들도 왜 지켜야 하는지에 대한 이해없이 무조건 지키라고 하거나 지금은 맞지 않는 옛날 것을 너무 지나치게 강요하면 좀 문제가 생길 것 같다. 더구나 요즘은 부모와 자식들만 사는 핵가족 가정이 대부분이기 때문에 아이들이 자라면서 이런 예절들을 직접 보면서 배우지 못하고 있는 것도 사실이다. 어떤 아이들은 이런 예절들이 너무 시대에 뒤떨어진 것이기 때문에 지킬 필요가 없다고 생각하기도 한다. 또 아이를 하나나 둘 밖에 낳지 않는 요즘의 젊은 부모들은 아이들이 너무 예쁘고 귀여우니까 버릇없이 굴어도 별로 상관하지도 않고 바른 예절을 가르치지도 않는다. 물론 어떤 예절들은 사회변화나 생활방식의 변화와 함께 바뀌기도 하지만 시대나 문화에 관계없이 꼭 지켜야 하는 예절은 가르치고 배워서 지켜야 한다.

4-1) 다음의 문장이 본문의 내용과 맞으면 '맞음,' 틀리면 '틀림'을 쓰세요.

If the following statement is true, write T; if false, write F.

1. '동방예의지국'이라는 말은 '예의를 잘 지키는 나라'라는 뜻이다. (   )

2. 그때 그때의 상황과 경우에 따라 지켜야 할 예절이 다 다르다. (   )

3. 대가족가정에서는 부모가 집안의 중심이었다. (   )

4. 아랫사람은 절대 어른들과 같이 담배를 피우거나 술을 마시면 안 되었다. (   )

5. 어른들과 얘기를 할 때는 존댓말을 쓰면 좋지만 반말을 써도 큰 문제는 되지 않는다. (   )

6. 어른들과 술을 마실 때는 서로 똑바로 쳐다보고 마시는 것이 예의이다. (   )

7. 식사때 아랫사람들은 어른들이 수저를 들때까지 기다리고, 음식을 다 먹은 후에도 허락없이는 어른들보다 먼저 자리에서 일어나지 않는 것이 예의이다. (   )

8. 음식을 먹을 때는 소리를 내면서 맛있게 먹어
   야 하고 가족들과도 얘기를 많이 하는 게 좋다.
   (   )

9. 어른들한테서 꾸중을 들을 때 하고 싶은 말이 있
   으면 기다리지 말고 그때 해야 나중에 잊어버리
   지 않는다. (   )

10. 집에 손님이 오시면 아이들은 모른 척 그냥 조용
    히 방에 있어야 한다. (   )

11. 한국의 여러 예절들은 유교사상의 영향을 많이
    받았는데 어른에 대한 존경이 이 사상의 가장 중
    요한 생각이다. (   )

12. 꼭 지켜야 할 예절을 지키는 것은 중요하지만 지
    금은 맞지 않는 옛날 것을 너무 강요하는 것은
    좋지 않다. (   )

13. 요즘 아이들은 대부분이 핵가족가정에서 자라기
    때문에 옛날처럼 예절을 잘 배우지 못하는 게 사
    실이다. (   )

14. 요즘의 젊은 부모들이 아이들에게 바른 예절을
    가르치지 않는 이유는 바쁜데다가 한국예절이
    너무 복잡하다고 생각하기 때문이다. (   )

15. 모든 예절은 시대나 문화에 관계없이 언제 어디
    서나 항상 똑 같기 때문에 예절은 어릴때부터 배
    우는 것이 중요하다. (   )

5-1) 보기에서 적당한 단어를 골라 빈 칸을 채우세요.

Fill in the blanks with the appropriate word from the examples.

....

혹시	관계없이	따로
무조건	별로	쓸데없이

1. 물론 어떤 예절들은 사회변화나 생활방식의 변화와 함께 바뀌기도 하지만 시대나 문화에 _____꼭 지켜야 하는 예절은 가르치고 배워서 지켜야 한다.

2. _____ 어른들과 술자리에 앉을 기회가 있으면 두손으로 술을 받아서 고개를 조금 돌려 조용히 마셔야 한다.

3. 예절을 왜 지켜야 하는지에 대한 이해없이 _____ 지키라고 하면 좀 문제가 생길 것도 같다.

4. 어떤 부모들은 아이들이 버릇없이 굴어도 _____ 상관하지도 않고 가르치려고 하지도 않는다.

5. 집에 손님이 오셔서 어른들과 얘기하고 계실 때 _____나서서 참견을 해서도 안 된다.

6. 보통 집안의 어른들은 _____ 상을 받았는데 아랫사람들이 어른들과 같이 음식을 먹게 될 경우도 있었다.

5-2) 밑줄 친 단어나 표현과 뜻이 가장 비슷한 것을 고르세요.

Choose the word or expression closest in meaning to the underlined word or expression.

....

1. 물론 어떤 예절들은 어느 나라에서나 지켜야 하는 <u>보편적인</u> 예절이라 할 수 있지만 어떤 예절들은 한국문화를 반영하는 한국적인 예절이라 볼 수 있다.

   ㄱ. 독특한   ㄴ. 똑같은
   ㄷ. 재미있는   ㄹ. 일반적인

2. 어른들 앞에서 담배를 피우거나 술을 마시는 것도 <u>예의에 어긋나는</u> 일이다.

   ㄱ. 문제를 일으키는
   ㄴ. 버릇없는
   ㄷ. 기분을 상하게 하는
   ㄹ. 기가 막히는

3. 식사예절 또한 좀 <u>까다로웠는데</u> 어른들이 수저를 들기 전에 먼저 먹으면 안 되었다.

   ㄱ. 단순했는데   ㄴ. 많았는데
   ㄷ. 복잡했는데   ㄹ. 힘들었는데

4. 어른들이 얘기하고 계실 때 쓸데없이 나서서 <u>참견을 해서도</u> 안 된다.

   ㄱ. 끼어들어 상관해서도
   ㄴ. 잘난 척을 해서도
   ㄷ. 옳고 그름을 판단해서도
   ㄹ. 큰 소리로 떠들어서도

5. 어른들한테서 <u>꾸중을 들을 때는</u> 말대꾸를 해서
   는 안 된다.
   ㄱ. 야단을 맞을 때는   ㄴ. 질문을 받을 때는
   ㄷ. 칭찬을 들을 때는   ㄹ. 관심을 받을 때는

6. 하고 싶은 말이 있을 때는 어른들 말씀이 끝나기
   를 기다렸다가 <u>공손하게</u> 해야 한다.
   ㄱ. 조용하게   ㄴ. 예의 바르게
   ㄷ. 천천히   ㄹ. 순서대로 차례차례

7. 어떤 아이들은 이런 예절들이 너무 <u>시대에 뒤떨</u>
   <u>어진 것이기 때문에</u> 지킬 필요가 없다고 생각하
   기도 한다.
   ㄱ. 문제가 많기 때문에
   ㄴ. 구식이기 때문에
   ㄷ. 한국적이기 때문에
   ㄹ. 쓸데없이 복잡하기 때문에

8. 아무리 좋은 예절도 <u>너무 지나치면</u> 좀 문제가 생
   길 것 같다.
   ㄱ. 필요 이상이면   ㄴ. 까다롭기만 하면
   ㄷ. 도움이 안 되면   ㄹ. 지키기 어려우면

5-3) 맞는 것끼리 연결하세요.

Connect the related words.

....

1. 꾸중을   ㄱ. 지키다

2. 버릇없이   ㄴ. 듣다

3. 예의를   ㄷ. 굴다

4. 문안인사를   ㄹ. 하다

5. 말대꾸를   ㅁ. 드리다

6. 허락을   ㅂ. 받다

5-4) 아래에 설명된 뜻을 가진 단어를 본문에서 찾아 쓰세요.

Write the word from the main text that has the following definition.

....

1. 어른들과 얘기할 때 쓰는 높임말: _____

2. 한국, 일본, 중국 등 아시아 여러나라의 뿌리가 되고 있는 생각: _____

3. 할아버지/ 할머니 없이 부모, 자식만 같이 사는 가정: _____

4. 아침, 저녁으로 아랫사람이 윗사람한테 드리는 인사: _____

5. 숟가락과 젓가락의 줄임말: _____

6. 청하는 일을 들어 줌: _____

7. 한 가운데: _____

8. 억지로 하게 하는 것: _____

VI: QUESTIONS FOR DISCUSSION AND COMPOSITION
토론과 작문 질문

---

1. 여러분 집에서 꼭 지켜야 하는 예절은 어떤 것이 있습니까?

   본문에서 설명된 한국의 예절과 얼마나 같고 얼마나 다릅니까?

2. 본문에 설명된 한국예절에 대해서 여러분은 어떻게 생각합니까?

   본문에 나오지 않았지만 여러분이 알고 있는 한국의 다른 예절에 대해서도 얘기해 봅시다.

3. 예절은 문화마다 다르고 시대에 따라서도 변합니다. 미국과 한국에서 중요한 예절을 비교해 봅시다. 그리고 옛날과 달라진 예절은 어떤 것이 있는지 토론해 봅시다.

4. 부모님이나 주위 어른들한테서 버릇이 없다고 혼난 일이 있으면 여러분의 경험을 이야기해 봅시다.

여러분이 '예절교실'의 일일교사 (one day teacher)라고
가정하고 (假定 suppose) 학생들을 어떻게 가르칠 것
인지 계획을 써 보세요.

WORD LIST
어휘목록

예절(禮節)	etiquette, manners
존대(尊待)말(존댓말)	honorific language
공손(恭遜)하다	to be polite
태도(態度)	attitude
포함(包含)하다	to include
공공장소(公共場所)	public place
상황(狀況)	situation
경우(境遇)	case, instance
보편적(普遍的)이다	to be general, common
반영(反影)하다	to reflect
산업화(産業化)	industrialization
현대화(現代化)	modernization
대가족제도(大家族制度)	large family system
적어도	at least
3대(代)	three generations
중심(中心)	the center
결정(決定)	decision
아랫사람	a youth (as opposed to elderly)

웃어른	elderly
문안인사(問安人事)	morning/evening greetings
예의(禮儀)에 어긋나다	to breach etiquette
혹시	by any chance
술자리	occasion for drinking
기회(機會)	opportunity
고개	head
까다롭다	to be picky
수저	spoon and chopsticks, silverware
버릇없다	to be ill-mannered
허락(許諾)	permission
꾸중	scolding
말대꾸	back talk
변명(辨明)	excuse, pretext
쓸데없이	unnecessarily, to no purpose, in vain
나서다	to step forward
참견(參見)하다	to meddle in
작별인사(作別人事)	farewell greeting
대문(大門)	gate
유교사상(儒敎思想)	Confucian thought
덕목(德目)	virtue
이해(理解)	understanding
지나치다	to be excessive
강요(强要)하다	to force
핵가족가정(核家族家庭)	nuclear family household
시대(時代)에 뒤떨어지다	to be outdated, old-fashioned
버릇없이 굴다	to behave ill-mannered
상관(相關)하다	to mind

사회변화(社會變化)	social change
생활방식(生活方式)	lifestyle
시대(時代)	time
문화(文化)	culture

한국의 가족제도
FAMILY SYSTEMS AND LIFE

Unit Focus: 한국 가족제도의 변화와 그 변화로 인해 생기는 문제점과 해결책을 생각해 본다.

I: BACKGROUND INFORMATION
도입

Ultimately, every household is unique in the way it handles affairs in life. No two families are alike, but there are distinct patterns and structures in Korean family life. Asian societies are perceived to have a collective mindset, but with the modernization and westernization of Korea, it will be interesting to see if Korean families maintain the same structure in the future.

한국사회는 대가족에서 핵가족으로의 변화가 빠르게 진행되고 있다. 공원에서 소풍을 즐기고 있는 두 가족의 모습.

준비학습

1. 전통적인 한국의 가족제도는 어떻게 되어 있으며 요즘은 어떻게 변하고 있습니까?

2. 한국의 가족제도에서 여성과 남성의 역할은 어떻게 다릅니까?

3. 여성이 사회활동을 하면 어떤 장점과 단점이 있습니까?

4. 가족간에 문제가 생길 때 해결책은 무엇입니까?

III: MAIN TEXT
본문

Core Vocabulary (핵심단어): 가정, 가족제도, 변화, 대가족, 핵가족, 가정교육, 학교교육, 대화

우리는 누구나 가정이 얼마나 소중한지 알고 있다. 가정은 우리 생활과 삶의 중심이며 가족은 우리에게 가장 중요한 사람들이다. 그런데 산업화와 함께 생활방식이 바뀌면서 우리 가정에 몇가지 변화가 생겼다. 그 중 하나는 가족제도의 변화이다. 옛날 한국에서는 대가족이 많았는데 요즘은 핵가족이 훨씬 많아졌다. 특히 대도시에서는 대부분의 가정이 핵가족이라 해도 과언이 아니다. 한 자료에 따르면 (최홍기, 한국가족 및 친족제도의 이해, 2007), 1955년

에 60%이던 핵가족은 2000년에 82%로 늘어난 반면, 1955년에 34%이던 대가족은 2000년에 8%로 줄어들었다.

두번째 변화는 일하는 어머니가 많아졌다는 사실이다. 옛날 한국의 어머니들은 대부분이 집에서 아이를 키우고 살림을 하는 전업주부였고 사회활동을 하는 어머니들은 그리 많지 않았다. 그러나 1970년대에 시작된 "여성해방운동"의 영향으로 여성들의 삶도 많이 달라졌으며 여성들의 사회적 지위도 많이 높아졌다. 대학에 가서 고등교육을 받는 여자들이 늘어나고 여자들이 일할 기회도 많아져서 직업을 갖고 경제활동에도 참여하게 되었다. 그리고 많은 여자들이 결혼한 후에도 일을 계속하는데 이렇게 부부가 같이 일하는 '맞벌이가정'이 점점 늘어나고 있다.

그런데 이런 변화의 부작용도 지적되고 있다. 여성들이 밖에서 일을 하게 되면서부터 아이들 교육문제가 심각한 문제가 된 것이다. 학교교육만큼 가정교육도 중요하다. 어떤 사람들은 가정교육이 훨씬 더 중요하다고 말한다. 사실, 가정교육과 학교교육이 같이 잘 이루어져야만 자녀들이 잘 자랄 수 있다. 그러나 일을 하는 부모들은 아무래도 시간에 쫓기기 때문에 원하는 만큼 아이들에게 관심을 가질 수 없을 뿐만 아니라 아이들과 많은 시간을 보내기도 어렵다. 또 교육은 학교에서 하는 것이고 선생님 책임이라고 생각하는 부모들도 있다. 어떤 이유때문이든 부모의 관심을 받지 못하는 아이들은 나쁜 친구를 사귀거나 폭력이나 마약 등으로 잘못되기도 한다.

많은 경우에 문제는 대화부족에서 생긴다. 아직도 한국에는 부모와 자식의 생각이 다를 때 부모의 뜻을 따라야 한다는 생각이 남아있기는 하지만 문제를 해결하는 제일 좋은 방법은 서로 마음을 열고 진심으로 대화를 하는 것이다. 대화를 통해 우리는 상대방을 좀 더 잘 이해할 수 있게 되기 때문이다. 아이들이 어릴 때부터 대화하는 버릇을 기르지 않으면 어른이 되어서도 대화하기가 어렵다.

핵가족이 많아지면서 생기는 또 다른 문제는 노인들의 소외문제다. 자식들과 함께 살지 못하는 노인들은 혼자 살면서 건강문제, 경제적 어려움, 외로움 등 여러가지 문제를 겪는다.

대가족제도든 핵가족제도든 어떤 가족제도도 그대로의 장단점이 있지만 현대사회의 생활양식을 생각할 때 앞으로 더 많은 가정이 핵가족으로 살아가게 될 것임은 쉽게 예상할 수 있다. 대가족이든 핵가족이든 중요한 것은 어떤 경우에도 가족 구성원들이 모두 가족의 의미와 소중함을 잊지 않는 것이다.

IV: COMPREHENSION QUESTIONS
이해 확인

4-1) 다음의 문장이 본문의 내용과 맞으면 '맞음,' 틀리면 '틀림'을 쓰세요.

If the following statement is true, write T; if false, write F.

....

I. 최근에 생긴 가장 큰 가족제도의 변화는 핵가족이 많아진 것이다. (   )

2. 대가족제도가 핵가족제도보다 훨씬 더 장점이 많다. (   )

3. 여자들이 일할 기회가 많아진 것은 여자들이 잘 할 수 있는 일이 늘어났기 때문이다. (   )

4. 초등학교나 중학교를 졸업한 여자들도 고등교육을 받았으니까 일할 기회가 많다. (   )

5. 학교교육이 가정교육보다 더 중요하니까 선생들이 부모들보다 더 책임이 크다. (   )

6. "맞벌이가정" 부모들의 제일 큰 어려움은 바빠서 아이들과 많은 시간을 보내지 못하는 것이다. (   )

7. 자녀들에게 문제가 생기는 큰 이유중의 하나는 부모와 자녀사이의 대화부족이다. (   )

8. 부모와 자식의 생각이 다를 때는 대화도 중요하지만 부모님 생각을 따르는 것이 더 중요하다. (   )

9. 노인들의 소외문제는 핵가족이 늘어나는 것과 별 관계가 없다. (   )

10. 대가족에서 살든 핵가족에서 살든 중요한 것은 가족의 의미와 소중함을 잊지 않는 것이다. (   )

4-2) 본문 내용에 따라 다음 질문에 간단히 대답하세요.

Briefly answer the following questions in writing based on the main text.

1. 최근 우리 가족제도에 변화가 생긴 가장 큰 요인은 무엇입니까?

2. 우리 가족제도에 생긴 두 가지 큰 변화는 무엇과 무엇입니까?

3. 여성이 사회활동을 하게 되면서 생긴 가장 큰 부작용은 무엇입니까?

4. 핵가족이 많아지면서 생긴 부작용은 무엇입니까?

5. 대가족제도와 핵가족제도 어느 쪽이 더 좋습니까?

6. 가족제도의 변화에 관계없이 우리가 기억해야
   할 가장 중요한 것은 무엇입니까?

V: VOCABULARY EXERCISES
단어연습

5-1) 보기에서 적당한 단어를 골라 빈칸을 채우세요.

Fill in the blanks with the appropriate word from the examples.

⋯⋯⋯⋯⋯⋯⋯⋯⋯⋯⋯⋯⋯⋯⋯⋯⋯⋯⋯⋯⋯⋯⋯⋯⋯⋯⋯⋯

산업화	경제활동	부작용	소외
지위	책임	자녀	소중함

1. 핵가족이 많아지면서 생긴 또 다른 문제는 노인
   들의 _____문제다.

2. 대학에 가서 고등교육을 받는 여자들이 늘어나
   고 여자들이 일할 기회도 많아져서 많은 여자들
   이 직업을 갖고 _____에 참여하게 되었
   다.

3. 대가족이든 핵가족이든 중요한 것은 어떤 경우
   에도 가족 구성원들이 모두 가족의 의미와
   _____을/를 잊지 않는 것이다.

4. 일하는 여성들이 많아지고 맞벌이가정이 늘어나면서 이런 변화의 _____도 지적되고 있다.

5. _____와/과 함께 생활방식이 바뀌면서 우리 가정에 몇가지 변화가 생겼다.

6. 1970년대에 시작된 "여성해방운동"의 영향으로 여성들의 삶도 많이 달라졌으며 여성들의 사회적 _____도 많이 높아졌다.

7. 가정에서의 교육과 학교에서의 교육이 같이 잘 이루어져야만 _____들이 잘 자랄 수 있다.

8. 교육은 학교에서 하는 것이고 선생님 _____(이)라고 생각하는 부모들도 있다.

5-2) 밑줄 친 단어나 표현과 뜻이 가장 비슷한 것을 고르세요.

Choose the word or expression closest in meaning to the underlined word or expression.

1. <u>생활방식이</u> 바뀌어서 최근에 우리 가정에 몇가지 변화가 생겼다.
   ㄱ. 삶을 살아가는 모습이
   ㄴ. 중요하게 생각하는 것이
   ㄷ. 친구관계가
   ㄹ. 가족제도가

2. 요즘은 <u>고등교육을</u> 받는 여자들이 많아졌다.
　　ㄱ. 중학교육을　　　　ㄴ. 초등교육을
　　ㄷ. 대학교육을　　　　ㄹ. 직업교육을

3. 부모와 자식 사이의 많은 문제는 <u>대화부족에서</u>
생긴다.
　　ㄱ. 세대차이가 있기 때문에
　　ㄴ. 서로 생각이 다르기 때문에
　　ㄷ. 서로 다른 것을 기대하기 때문에
　　ㄹ. 얘기를 많이 하지 않기 때문에

4. 문제가 생겼을 때 제일 좋은 방법은 서로 <u>진심으</u>
<u>로</u> 대화하는 것이다.
　　ㄱ. 꼭 필요한 말만
　　ㄴ. 마음을 열고 솔직하게
　　ㄷ. 시간이 있을때만
　　ㄹ. 미안한 마음을 가지고

5. 대화를 통해 우리는 <u>상대방을</u> 더 잘 이해할 수
있다.
　　ㄱ. 같이 얘기하는 사람을
　　ㄴ. 같이 사는 사람을
　　ㄷ. 부모나 가족을
　　ㄹ. 선생님을

6. 나쁜 <u>버릇은</u> 고치기 어려우니까 어릴때부터 좋
은 버릇을 길러야 한다.
　　ㄱ. 관습은　　　　　ㄴ. 풍습은
　　ㄷ. 습관은　　　　　ㄹ. 생각은

7. 문제를 <u>해결하는</u> 방법은 여러가지가 있을 수 있
   다.
   　　ㄱ. 복잡하게 만드는　　ㄴ. 다루는
   　　ㄷ. 푸는　　　　　　　ㄹ. 이해하는

8. 일을 하는 부모들은 아무래도 시간에 쫓기니까
   원하는 만큼 아이들에게 <u>관심을 갖기</u> 어렵다.
   　　ㄱ. 신경을 쓰기　　　ㄴ. 공부를 시키기
   　　ㄷ. 책임을 지기　　　ㄹ. 집안일을 해 주기

5-3) 아래에 설명된 뜻을 가진 단어를 본문에서 찾아
쓰세요.

*Write the word from the main text that has the following
definition.*

1. 시골의 반대말로 서울, 뉴욕 같은 곳:

   _____

2. 남편과 아내: _____

3. 직장을 갖지 않고 집에만 있는 여자:

   _____

4. 좋은 점과 나쁜 점: _____

5. 요리, 빨래, 청소등을 부르는 말: _____

6. 부부가 둘 다 일하는 가정: _____

7. 모양이나 성질, 상황이 달라지거나 바뀌는 것:

   _____

5-4) 맞는 것끼리 연결하세요.

Connect the related words.

1. 변화가   ㄱ. 높아지다

2. 지위가   ㄴ. 생기다

3. 친구를   ㄷ. 해결하다

4. 문제를   ㄹ. 기르다

5. 버릇을   ㅁ. 사귀다

5-5) 보기와 같이 주어진 말을 사용해서 새 단어를 만드세요.

Make new words using the given bracketed words.

보기: [___운동]   여성해방운동   학생운동
3.1운동

1. [___교육]   _____   _____

                   _____   _____

2. [___방식]   _____   _____

                   _____   _____

3. [___제도]   _____   _____

                   _____   _____

VI: QUESTIONS FOR DISCUSSION AND COMPOSITION
토론과 작문 질문

1. 대가족제도와 핵가족제도의 장단점을 각각 애기해 봅시다.

2. 어머니가 일을 할 때 자녀교육에 어떤 영향을 미치는지 여러분 자신의 경험을 예를 들어 애기해 봅시다.

3. 한국가정의 부모-자식 관계와 미국가정의 부모-자식 관계를 비교해서 생각해 봅시다. 또 이민가정의 경우는 어떻게 다른지 생각해 봅시다.

4. 여러분은 부모님과 문제가 생길 때 어떻게 합니까?

5. "여성해방운동"에 대해 아는대로 애기해 봅시다. 그리고 이 운동이 여성의 삶에 그리고 사회 전체에 어떤 변화를 가져 왔는지 토론해 봅시다.

VII: RELATED TASK
관련과제

여러분이 생각하는 가장 이상적인 (most ideal) 가족제도는 어떤 것입니까? 그 이상적인 모델을 만들어 친구들과 나누어 봅시다. 그리고 그 모델은 대가족제도와 핵가족제도의 문제점을 어떻게 해결하고 있는지 설명해 보세요.

가정(家庭)	household, home
소중(所重)하다	to be precious
변화(變化)	change
가족제도(家族制度)	family system
대가족(大家族)	large family
핵가족(核家族)	nuclear family
대도시(大都市)	big city
과언(過言)	overstatement
전업주부(專業主婦)	full-time housewife
사회활동(社會活動)	social activities
여성해방운동	women's liberation movement
(女性解放運動)	
지위(地位)	status
고등교육(高等敎育)	higher education
경제활동(經濟活動)	economic activity
맞벌이 가정(家庭)	double income family
부작용(副作用)	side effects
지적(指摘)되다	to be pointed out
심각(深刻)하다	to be serious
자녀(子女)	children
쫓기다	to be chased
폭력(暴力)	violence
마약(痲藥)	drugs
대화부족(對話不足)	lack of communication
진심(眞心)으로	sincerely, from one's heart
상대방(相對方)	the other party, counterpart

버릇	habit
노인(老人)	the elderly
소외(疎外)	isolation
장단점(長短點)	merits and demerits
현대사회(現代社會)	modern society
예상(豫想)하다	to predict
구성원(構成員)	members
의미(意味)	meaning

한국과 미국의 데이트와 결혼풍습

DATING AND MARRIAGE CUSTOMS IN KOREA AND AMERICA

Unit Focus: 한국사람들의 최근의 결혼경향, 그리고 한국과 미국의 결혼풍습의 차이를 이해한다.

I: BACKGROUND INFORMATION
도입

Dating and marriage customs in different cultures reflect not only how men and women interact but also differing values and beliefs that underlie each culture. Within every culture, different customs and practices span a wide spectrum, and the spectrum of Korean and Western customs are overlapping more as interactions between nations increase. The following essay will explore features unique to the dating and marriage customs of Korea and America.

요즘은 현대식 결혼이 일반적이지만 전통적인 예식을 치르는 젊은이들도 있다. 사진은 전통혼례식의 한 장면.

1. 한국의 결혼풍습에 대해서 알고 있습니까?
   한국의 결혼풍습은 미국의 결혼풍습과 어떻게 다릅니까?

2. 두 나라의 풍습이 다르면 왜 다르다고 생각합니까?

3. 두 나라의 풍습이 비슷해지고 있다면 어떤 면에서 그렇습니까?

4. 왜 결혼풍습의 차이를 이해하는 것이 중요합니까?

III: MAIN TEXT
본문

Core Vocabulary (핵심단어): 결혼연령, 선택/필수, 만남/결합, 연애결혼/중매결혼, 중매쟁이/결혼정보회사

사람들은 누구든지 적당한 나이가 되면 결혼을 하게 되는데 대부분의 사람들에게 결혼은 아주 중요한 문제이다. 물론 빠른 사회변화와 함께 사람들의 결혼에 대한 생각도 많이 달라져서 최근에는 혼자 살려는 사람들이 늘어나고 있다. 또한 한국 남녀의 평균결혼연령도 1972년의 남자 26.7, 여자

22.6세에 비해 2004년에는 남자 30.6, 여자 27.5세로 많이 높아졌다 (출처: 2005년 인구주택총조사). 예전에는 대학을 졸업하고 취직을 하면 결혼을 하는 것이 당연한 순서였다. 그러나 최근에는 심각한 실업문제가 남자들의 결혼연령을 높이는 원인이 되고 있다. 여자들의 경우에도 직장여성이 많아지고 또 결혼이 정말 행복을 가져다 줄 선택인지에 대한 의구심을 느끼게 되면서 결혼을 '필수'가 아닌 '선택'으로 생각하는 경향이 강해졌다. 어쨌든 결혼을 하든지 혼자 살든지 각각 장단점이 있기 때문에 어느 것이 더 좋다고 말하기는 어렵다. "결혼은 해도 후회하고 안 해도 후회한다"는 철학자 소크라테스의 말처럼 그건 개인의 선택문제이기 때문이다.

결혼풍습은 나라와 문화에 따라 다르며 또 시대에 따라서도 변한다. 미국에서는 대부분의 사람들이 결혼을 '두 사람'의 만남이라고 생각한다. 물론 가족이나 친구들의 의견도 중요하지만 궁극적으로는 두사람이 선택하고 결정하는 것이다. 그리고 미국사람들은 대부분 '연애결혼'을 한다.

한편 한국에서는 대부분의 사람들이 결혼을 '두 가족'의 만남 또는 결합이라고 생각한다. 따라서 연애결혼도 하지만 '중매결혼'도 흔하다. 두 사람이 자연스럽게 만나서 사귀다가 사랑하게 되면 결혼하는 연애결혼과는 달리, 중매결혼은 부모나 친척, 친구, 또는 중매쟁이가 사람을 소개한다. 과거에는 중매쟁이가 주로 개인이었지만 최근에는 소위 '결혼정보회사'라는 것이 생겨서 많은 독신남녀들에게 다양한 서비스를 제공하고 있다. 중매결혼은 중매쟁이가 남자와 여자의 집안, 학력/학벌, 외모, 직업과 경제력 등 기본조건을 어느 정도 맞추어 사람을 소개한다. 서울 시내의 호텔에 가면 선보는 남녀를 쉽게 볼 수 있다. 그런데 어떤 부모들은 점쟁이한테 가서 결혼할 두 사람이 잘 맞는지 궁합을 보기도 하는데 궁합이 나쁘다고 해서 결혼하지 않는 사람들도 있다.

사람을 만날 기회가 많지 않았던 옛날 한국사람들은 거의 중매결혼을 했다. 어떤 사람들은 결혼식날 처음으로 남편이나 아내의 얼굴을 보았다고 하는데 지금 생각하면 상상도 할 수 없는 일이다. 하지만 요즘은 사회변화와 서양영향으로 연애결혼도 중매결혼만큼 흔해졌고, 또 자신들의 기대보다는 자식들의 의견과 결정을 존중하겠다는 부모들도 많아져서 연애결혼이 더 일반적이다.

어쨌든, 결혼에 대한 이런 변화와 다른 풍습은 한국과 미국문화의 가치관과 생활양식의 차이를 보여준다. 이런 풍습의 차이를 이해하면, 우리는 그 나라 사람들의 생활을 보다 잘 이해할 수 있을 것이다.

IV: COMPREHENSION QUESTIONS
이해 확인

4-1) 다음의 문장이 본문의 내용과 맞으면 '맞음,' 틀리면 '틀림'을 쓰세요.

If the following statement is true, write T; if false, write F.

....

1. 결혼은 안 하는 것보다 하는 것이 좋다. (   )

2. 미국에서는 연애결혼이 가장 흔하다. (   )

3. 한국에서는 지금도 대부분의 사람들이 중매결혼을 한다. (　　)

4. 요즘 혼자 살려는 사람들이 늘어나고 있는 이유는 사람들이 잘 살게 되었기 때문이다. (　　)

5. 결혼풍습은 시대가 바뀌어도 변하지 않는다. (　　)

6. 한국에서는 결혼을 '두가족의 만남'으로 생각하지만 미국에서는 '두사람의 만남'으로 생각한다. (　　)

7. 한국사람들은 전부 결혼하기 전에 궁합을 본다. (　　)

8. 궁합이 나쁜 사람하고는 결혼하지 말아야 한다. (　　)

9. 중매결혼의 경우는 부모, 친척, 친구, 중매쟁이, 결혼정보회사들이 중매쟁이 역할을 한다. (　　)

10. 나라마다 다른 풍습의 차이를 이해하면 그 나라 사람들을 더 잘 이해할 수 있기 때문에 그 차이를 이해하는 것은 중요하다. (　　)

4-2) 본문의 내용에 따라 다음 질문에 간단히 대답하세요.

Briefly answer the following questions in writing based on the main text.

....

1. 한국에서 결혼과 관련해 생긴 최근의 중요한 변화 두 가지는 무엇입니까?

2. 최근에 남자들의 평균결혼연령이 높아진 이유는 무엇입니까?

3. 여자들의 평균결혼연령이 높아진 이유는 무엇입니까?

4. 미국사람들은 결혼을 무엇의 만남, 결합이라고 생각합니까?

5. 한국사람들은 결혼을 무엇의 만남, 결합이라고 생각합니까?

6. 중매결혼의 경우에는 주로 누가 사람을 소개합니까?

7. 중매결혼의 경우에 사람을 소개하기 전에 고려하는 기본 조건은 어떤 것입니까?

8. 한국에서 최근에 더 일반적인 결혼은 어느 것입니까?

9. 미국사람들에게 일반적인 결혼은 어느 것입니까?

10. 연애결혼에서 가장 중요한 것은 무엇입니까?

5-1) 보기에서 적당한 단어를 골라서 빈칸을 채우세요.

Fill in the blanks with the appropriate word from the examples.

....

연애결혼   중매결혼   중매쟁이   궁합

선을 보다   점쟁이   서양영향   가치관

선택   사회변화   시대

1. 옛날 한국에서는 다른 사람의 소개로 사람을 만나 결혼하는 _____만 있었지만 요즘은 남녀가 자유롭게 만나 사랑하게 되면 결혼하는 _____도 아주 많아졌다.

2. 어떤 사람들은 친구나 친척의 소개로 사람을 만나지만 어떤 사람들은 사람을 소개시켜 줄 _____의 도움을 받는다.

3. 결혼할 두 사람이 결혼해서 잘 살 수 있을지 미리 알아보는 것을 _____을/를 본다고 한다.

4. 서울시내 호텔에 가면 _____는 남녀를 쉽게 볼 수 있는데 옛날에는 부모님들이 같이 나갔지만 요즘은 남녀만 만나는 경우도 많다고 한다.

5. 요즘은 결혼이 정말 행복을 가져다 줄 _____인지에 대한 의구심을 느끼는 여자들이 많아졌다.

6. 최근에 한국에서 일어나고 있는 큰 _____ 중의 하나는 결혼하지 않는 여자들과 일하는 여자들이 많아졌다는 것이다.

7. 보통 설날 아침이나 입학시험때, 또는 중요한 일이 있을 때 어떤 사람들은 _____ 집을 찾아간다.

8. 결혼에 대한 변화와 다른 풍습은 한국과 미국문화의 _____와/과 생활양식의 차이를 잘 보여준다.

9. 옛날에 비해 요즘은 동양과 서양이 많이 가까워졌기 때문에 동양의 나라들이 _____을/를 많이 받는 것 같다.

10. 결혼풍습은 나라와 문화에 따라 다르며 또 _____에 따라서도 변한다.

5-2) 밑줄 친 단어나 표현과 뜻이 가장 비슷한 것을 고르세요.

Choose the word or expression closest in meaning to the underlined word or expression.

1. 결혼은 해도 <u>후회하고</u> 안 해도 후회한다.
   ㄱ. 잘못했다고 생각하고
   ㄴ. 행복하고
   ㄷ. 별 상관없다고 생각하고
   ㄹ. 잘 했다고 생각하고

2. 사람들의 사고방식이나 생활방식은 시대에 따라 <u>변한다</u>.
   ㄱ. 같다　　　　　　ㄴ. 바뀐다
   ㄷ. 항상 그대로다　　ㄹ. 비슷하다

3. 필요할 때는 다른 사람들의 도움을 받지만 <u>궁극적으로는</u> 그 결정은 내가 하는 것이다.
   ㄱ. 이미　　　　　　ㄴ. 결국
   ㄷ. 여전히　　　　　ㄹ. 사실

4. 두 사람이 <u>자연스럽게</u> 만나서 사귀다가 서로 사랑하게 되면 결혼하는 것이 연애결혼이다.
   ㄱ. 스스로
   ㄴ. 계획을 세워서
   ㄷ. 누구의 도움을 받아서
   ㄹ. 일부러 계획하지 않고

5. 한국과 미국의 문화의 <u>차이</u>를 이해하면 그 나라 사람들을 더 잘 이해할 수 있다.
   ㄱ. 같은 점을　　　ㄴ. 다른 점을
   ㄷ. 비슷한 점을　　ㄹ. 변화를

6. 혼자 살아도 결혼을 해도 <u>장단점이</u> 있으니까 결혼은 쉽게 결정하기 어려운 문제이다.
   ㄱ. 좋은 점과 나쁜 점이
   ㄴ. 같은 점과 다른 점이
   ㄷ. 설명하기 어려운 점이
   ㄹ. 해결하기 어려운 점이

7. 한국사람들에게 결혼은 두 가족이 <u>결합하는</u> 것이다.
    ㄱ. 경쟁하는   ㄴ. 합치는
    ㄷ. 준비하는   ㄹ. 결정하는

8. <u>요즘에는</u> 결혼하기 전에 자유롭게 데이트하는 사람들이 많다.
    ㄱ. 옛날에는   ㄴ. 미래에는
    ㄷ. 최근에는   ㄹ. 점점

9. 요즘은 자신들의 기대보다는 자식들의 <u>의견과</u> 결정을 존중하겠다는 부모들도 많아져서 연애결혼이 더 일반적이다.
    ㄱ. 노력과   ㄴ. 대답과
    ㄷ. 걱정과   ㄹ. 생각과

10. 요즘 한국에서는 중매결혼 뿐만 아니라 연애결혼도 <u>흔하다</u>.
    ㄱ. 드물다   ㄴ. 일반적이다
    ㄷ. 별로 없다   ㄹ. 조금 있다

5-3) 아래에 설명된 뜻을 가진 단어를 본문에서 찾아 쓰세요.

Write the word from the main text that has the following definition.

1. 남자나 여자가 일반적으로 결혼하게 되는 나이: _____

2. 일자리를 얻는 것: _____

3. 일할 사람은 많은데 일자리가 부족해서 생기는 문제: _____

4. 의심스럽게 생각하는 마음: _____

5. 잘못 했다, 하지 말았어야 했다고 생각하는 것: _____

6. 혼자 사는 남자, 여자를 부르는 말: _____

7. 미국의 dating service 같이 결혼하려는 사람들에게 사람을 소개해 주는 회사: _____

8. 어떤 사람의 교육정도, 출신학교 등을 말하는 것: _____

9. 겉으로 보이는 모습, 얼굴이 예쁜지, 키가 큰지, 뚱뚱한지 날씬한지 등: _____

10. 한 사람이 자란 가정환경, 부모의 직업, 형제관계 등: _____

5-4) 맞는 것끼리 연결하세요.
Choose the related words.

1. 서비스를   ㄱ. 높아지다

2. 평균결혼연령이   ㄴ. 제공하다

3. 기본조건을   ㄷ. 존중하다

4. 의견을   ㄹ. 맞추다

5. 차이를   ㅁ. 이해하다

5-5) 나머지 셋과 의미상 크게 관계없는 것을 하나 고르세요.

Choose the word that is not related to the other three in meaning.

1. ㄱ. 집안　　ㄴ. 학력　　ㄷ. 외모　　ㄹ. 선택

2. ㄱ. 경향　　ㄴ. 선　　ㄷ. 궁합　　ㄹ. 중매쟁이

3. ㄱ. 만남　　ㄴ. 실업　　ㄷ. 결혼　　ㄹ. 결합

VI: QUESTIONS FOR DISCUSSION AND COMPOSITION
토론과 작문 질문

---

1. 한국 결혼풍습과 미국 결혼풍습의 차이점은 무엇입니까? 그리고 이런 결혼풍습의 차이는 한국과 미국문화와 가치관을 어떻게 반영하고 있습니까?

2. 한국사람들 중에는 아직도 궁합을 보고 궁합이 나쁘다고 하면 결혼을 하지 않는 사람들이 있습니다. 여러분은 궁합에 대해 어떻게 생각합니까?

3. 여러분은 어떤 결혼을 하고 싶습니까? 왜요?

4. 행복한 결혼생활의 조건은 무엇이며 행복한 결혼생활을 위해서 사람들이 꼭 알아야 하는 것은 무엇이라고 생각합니까?

5. 최근 한국에서는 결혼하지 않고 혼자 살겠 다는 사람 (독신자) 이나 이혼하는 사람들이 늘어나고 있는데 이런 변화의 원인은 어디에 있다고 생각합니까? 여러분의 결혼에 대한 관점을 말해 봅시다.

6. 요즘은 한국에서도 국제결혼이 점점 늘어나고 있습니다. 문화적 배경이 다른 사람들이 결혼하는 데는 어떤 문제가 있을까요? 예상되는 문제와 가능한 해결책을 생각해 봅시다.

VII: RELATED TASK
관련과제

---

1. 여러분의 부모님을 인터뷰해서 리포트를 써 보세요. 언제 결혼했는지, 어떻게 결혼하게 되었는지, 중매결혼이었는지 연애결혼이었는지, 그리고 부모님의 허락은 쉽게 받았는지, 문제가 있었으면 어떤 문제가 있었는지, 연애결혼과 중매결혼에 대한 부모님의 생각은 어떤지, 부모님은 여러분의 결혼에 대해 어떤 생각을 갖고 계신지 등을 구체적으로 알아 보세요.

2. 연애결혼과 중매결혼 중에서 이혼율 (divorce rate)이 높은 쪽은 어느 쪽인지 추측(guess)해 보세요. 그리고 왜 그런지 설명해 보세요. 그런 후 관련기사를 찾아서 읽고 여러분의 추측과 비교해 보세요.

적당(適當)하다	to be proper
평균결혼연령	average marrying age
(平均結婚年齡)	
예전에는	in the past
당연(當然)한 순서	natural order
(順序)	
실업문제(失業問題)	unemployment problem
원인(原因)	cause
선택(選擇)	choice
의구심(疑懼心)	doubt
필수(必須)	a must
경향(傾向)	tendency
후회(後悔)하다	to regret
철학자(哲學者)	a philosopher
개인(個人)	an individual
풍습(風習)	customs
의견(意見)	opinion
궁극적(窮極的)으로	ultimately
연애결혼(戀愛結婚)	marriage based on love
결합(結合)	union, unity
중매결혼(中媒結婚)	marriage arranged by a matchmaker
흔하다	to be common
자연(自然)스럽다	to be natural (자연스럽게: naturally)
중매(仲媒)쟁이	a matchmaker

과거(過去)	the past
결혼정보회사 (結婚情報會社)	dating service
독신남녀(獨身男女)	single man and woman
다양(多樣)하다	to be diverse
제공(提供)하다	to offer
선보다	to have a meeting before an arranged marriage
집안	family background
학력(學歷)	level of education, academic career
외모(外貌)	look, appearance
경제력(經濟力)	economic power
기본조건(基本條件)	basic condition
점(占)쟁이	fortune teller
궁합(宮合)	marital harmony
거의	almost
상상(想像)	imagination
기대(期待)	expectation
자식(子息)	children
존중(尊重)하다	to respect (opinion, idea, thought, etc.)
일반적(一般的)이다	to be common
가치관(價値觀)	value system
차이(差異)	difference
출처(出處)	source (of information)
이혼(離婚)	divorce
비율(比率)	ratio, rate, percentage
추측(推測)하다	to conjecture, guess

아름다움과의 전쟁

FIGHTING WITH BEAUTY

Unit Focus: 한국사회의 외모지상주의와 성형수술의 인기, 그
현황과 원인에 대해 알아본다.

I: BACKGROUND INFORMATION
도입

For whatever reason, today's
world is increasingly consumed by
physical appearance, which often
takes priority over many other
aspects of modern life. Measures
such as cosmetic surgery and
dieting and workout regimes are
common these days. Will there
ever be an end to the struggle for
beauty and perfection?

성형외과의 인기에 대해 다룬 잡지기
사(시사저널 2006. 9)의 한 부분.

1. 사람들에게 외모는 얼마나, 또 왜 중요합니까?
   여러분들의 개인적인 생각은 어떻습니까?

2. 아름다움의 기준은 사람마다 다를 것입니다.
   여러분은 어떤 사람이 아름다운 사람이라고 생
   각합니까?

3. 외적인 아름다움과 내적인 아름다움은 어떻게
   얻어질 수 있으며 어떻게 조화될 수 있을까요?

4. 성형수술에 대해서 어떻게 생각합니까?
   성형수술의 문제점은 어떤 게 있을까요?

III: MAIN TEXT
본문

Core Vocabulary (핵심단어): 외모, 살빼기, 유행, 성형수
술, 외모지상주의, 아름다움

대체로 한국사람들이 미국사람들보다 외모에 대
한 관심이 많은 것 같다. 이것이 문화적인 특
성인지 개인적인 특성인지 말하기는 어렵다. 그런데
한가지 분명한 것은 한국사람들은 다른 사람이 자기
를 어떻게 생각하는지에 대해 대단히 민감한 편이라
는 사실이다. 그래서 외출을 할 때는 가까운 곳에 잠
깐 나갈 때도 외모에 신경을 많이 쓴다. 자기의 개성

보다는 다른 사람의 눈을 먼저 생각하고, 편리함이나 실용성보다는 멋을 더 중요하게 생각한다. 그리고 물론 모든 사람들이 다 그렇지는 않지만 많은 사람들은 누구를 처음 만날때 그 사람의 옷차림이나 타고 다니는 차 등 외적인 것을 보고 그 사람의 직업이나 능력, 성격등을 판단한다. 따라서 어떤 만남에서든지 첫인상은 아주 중요하다.

외모에 어느 정도 신경을 쓰는 것은 기본예의다. 문제는 그 관심이 지나칠 때 생긴다. 그 관심은 옷차림이나 머리모양, 화장뿐만 아니라 날씬해지기 위해서 억지로 살을 빼려는 살빼기운동에서도 나타난다. 유행에 따르는 옷차림이나 화장은 두고라도 최근 한국에서 아주 유행하고 있는 성형수술의 높은 인기가 이를 잘 말해 준다. 성형수술의 종류는 많지만 특히 '쌍꺼풀 수술'과 '코높이기 수술'이 유행이라고 한다. 얼마전에는 노무현 대통령 부부가 '쌍꺼풀 수술'을 했다고 해서 화제가 되기도 했다. 외모에 대한 관심은 보통 남자들보다는 여자들이 더 많은 것 같지만 취직이 힘들어지면서 최근에는 여성들 뿐만 아니라 성형수술을 받는 남성들의 수도 늘어나고 있다고 한다.

수술비도 싸지 않으며 또 수술이 잘못되면 큰 부작용이 생길수도 있는데 그럼에도 불구하고 수술을 하는 이유는 어디에 있을까? 부모님이 주신 신체에 마음대로 손을 대는 것은 불효라고 생각했던 유교사상은 말할 필요조차 없다. 또 얼마전까지만 해도 미국이나 유럽등 서양의 문제로만 생각되던 '살빼기'가 많은 한국여성들의 큰 관심사가 되었다. 실제로 한 신문기사는 한국 10대 소녀들의 49%가 다이어트를

한 적이 있으며, 59%는 예뻐지기 위해 성형수술을 할 의사가 있고, 77%는 자신의 외모에 대해 만족하지 않는 것으로 나타났다고 보고하고 있다 (2006년 10월 8일 조선일보).

성형수술의 인기와 살빼기 전쟁의 이유는 여러가지가 있겠지만 최근 한국사회를 병들게 하고 있는 '외모지상주의'를 들 수 있다. 특히 여성의 경우는 사회적 지위에 관련된 여성의 역할과 여성에 대한 기대가 큰 원인이 된다. 여러 조사에 따르면, 남자들이 결혼할 여자에게서 가장 중요하게 생각하는 것이 외모라고 한다. 다른 어떤 조건보다도 외모가 더 중요한 조건이 되니까 소위 말하는 '최고의 신랑감'과 결혼하려면, '시집을 잘 가려면' 어쨌든 예뻐야 한다고 생각한다. 또 다른 이유는 미디어(대중매체)의 영향에서 찾을 수 있을 것 같다. 예쁜 배우나 탤런트가 영화나 텔레비전에 나와서 인기를 얻고 돈도 엄청나게 버니까 많은 젊은 여자들은 수술을 해서라도 그들처럼 예뻐지고 싶은 꿈을 꾸게 된다.

예쁘고 아름다운 얼굴을 싫어할 사람은 아무도 없다. 그리고 옛날부터 여성의 아름다움은 예술의 중요한 대상이었다. 그러나 외모를 지나치게 강조하면 내적인 아름다움을 무시하게 된다. 내적인 아름다움이 없는 아름다움을 진정한 아름다움이라고 할 수 있을까?

4-1) 다음의 문장이 본문의 내용과 맞으면 '맞음,' 틀리면 '틀림'을 쓰세요.

If the following statement is true, write T; if false, write F.

1. 한국사람들이 미국사람들보다 외모에 관심이 더 많은데 이것은 문화적 특성때문이다. (   )

2. 한국사람들이 외출할 때 외모에 신경을 많이 쓰는 것은 개성과 편리함 때문이다. (   )

3. 외모에 대한 관심이 지나치면 문제지만 적당히 신경을 쓰는 것은 기본예의니까 괜찮다. (   )

4. 한국에서 제일 유행하고 있는 성형수술은 코수술과 쌍꺼풀수술이다. (   )

5. 한국여자들이 성형수술을 많이 하는 이유는 수술비도 싸고 부작용도 별로 없기 때문이다. (   )

6. 유교사상에 따르면 부모님이 주신 신체에 마음대로 손을 대는 것은 불효라고 생각했다. (   )

7. '살빼기 전쟁'은 서양의 문제지 한국사람들의 문제는 아니다. (   )

8. 여자가 외모에 관심이 많은 것은 여성의 지위나 역할과 관계가 깊다. (   )

9. 사람들의 외모에 대한 관심에 미디어의 영향은 그다지 크지 않다. (   )

10. 진정한 아름다움은 내적인 아름다움과 외적인 아름다움이 함께 어우러진 것이다. (   )

4-2) 본문의 내용에 따라 다음 질문에 간단히 대답하세요.

Briefly answer the following questions in writing based on the main text.

1. 한국사람들이 편리함이나 실용성보다는 멋을 더 중요하게 생각하며 외모에 신경을 많이 쓰는 이유는 무엇입니까?

2. 외모에 대한 관심은 어떤 형태로 나타납니까?

3. 한국에서 특히 유행하고 있는 성형수술은 어떤 것입니까?

4. 성형수술의 부정적인 면은 무엇입니까?

5. 성형수술 외에 많은 여성들이 관심을 가지고 있는 문제는 무엇입니까?

6. 성형수술과 살빼기 전쟁의 가장 큰 원인은 어떤 말로 표현되고 있습니까?

7. 특히 남성들보다 여성들이 외모에 더 큰 관심을 갖는 이유는 무엇입니까?

8. 성형수술과 살빼기 전쟁의 다른 이유는 어디서 찾을 수 있습니까?

9. 외모를 지나치게 강조하면 어떤 문제가 생깁니까?

V: VOCABULARY EXERCISES
단어연습

5-1) 보기에서 적당한 단어를 골라 빈칸을 채우세요.
Fill in the blanks with the appropriate word from the examples.

불효	대상	특성	부작용
기본예의	성형수술	역할	조건

1. 다른 어떤 것보다도 외모가 더 중요한
   _____이/가 되니까 소위 말하는 '최고의
   신랑감'과 결혼하려면 어쨌든 예뻐야 한다고 생
   각한다.

2. 외모에 어느 정도 신경을 쓰는 것은
   _____(이)다. 문제는 그 관심이 지나칠
   때 생긴다.

3. 대체로 한국사람들이 미국사람들보다 외모에 대
   한 관심이 많은 것 같은데 이것이 문화적인
   _____인지 아닌지는 말하기는 어렵다.

4. 유행에 따르는 옷차림이나 화장은 두고라도 최
   근 한국에서 아주 유행하고 있는_____의
   인기가 한국사람들의 외모에 대한 관심을 잘 말
   해 준다.

5. 수술비도 싸지 않으며 또 수술이 잘못되면 큰
   _____이/가 생길수도 있는데 그럼에도
   불구하고 수술을 하는 이유는 어디에 있을까?

6. 특히 여성의 경우는 여성의 지위에 관련된 여성의_____와/과 여성에 대한 기대가 큰 원인이 된다.

7. 유교사상에서는 부모님이 주신 신체에 마음대로 손을 대는 것은_____ (이)라고 생각했다.

8. 옛날부터 여성의 아름다움은 예술의 중요한_____이었다.

5-2) 밑줄 친 단어나 표현과 뜻이 가장 비슷한 것을 고르세요.

Choose the word or expression closest in meaning to the underlined word or expression.

1. 대체로 한국사람들이 미국사람들보다 외모에 <u>관심이 많은 편이다.</u>
   - ㄱ. 관심이 많다고 할 수 있다
   - ㄴ. 관심이 많은 것 같지는 않다
   - ㄷ. 관심이 많기는 하다
   - ㄹ. 관심이 훨씬 더 많다

2. 외모에 <u>어느 정도</u> 신경을 쓰는 것은 기본예의니까 필요하다.
   - ㄱ. 충분히
   - ㄴ. 지나치게
   - ㄷ. 조금
   - ㄹ. 적당히

3. 요즘은 한국에서도 날씬해 지기 위해서 <u>억지로</u> 살을 빼려는 사람들이 많다.
    ㄱ. 약으로   ㄴ. 운동으로
    ㄷ. 일부러   ㄹ. 자연스럽게

4. 많은 사람들은 보통 누구를 처음 만나면 외적인 첫인상으로 그 사람을 <u>판단한다</u>.
    ㄱ. 인정한다   ㄴ. 평가한다
    ㄷ. 설명한다   ㄹ. 좋아한다

5. 한 기사는 한국 10대 소녀들의 77%가 자신의 외모에 대해 만족하지 않는 것으로 나타났다고 <u>보고하고</u> 있다.
    ㄱ. 알리고   ㄴ. 대답하고
    ㄷ. 비난하고   ㄹ. 걱정하고

6. 옛날 사람들은 부모님이 주신 <u>신체에</u> 마음대로 손을 대면 안 된다고 생각했다.
    ㄱ. 몸과 마음에   ㄴ. 몸에
    ㄷ. 정신에   ㄹ. 영혼에

7. 외모를 <u>지나치게 강조하면</u> 내적인 아름다움을 무시하게 된다.
    ㄱ. 특별히 중요하게 생각하면
    ㄴ. 크게 신경쓰지 않으면
    ㄷ. 똑같이 생각하면
    ㄹ. 약간 관심을 가지면

8. 유행에 따르는 옷차림이나 화장은 <u>두고라도</u> 최근 한국에서 아주 유행하고 있는 성형수술의 인기가 이를 잘 말해 준다.
　　ㄱ. 관심을 가질 필요가 없이
　　ㄴ. 신경쓰지 말고
　　ㄷ. 말할 필요도 없고
　　ㄹ. 나중에 생각해 볼 일이고

9. 얼마전에는 노무현 대통령 부부가 '쌍꺼풀 수술'을 했다고 해서 <u>화제가 되기도</u> 했다.
　　ㄱ. 관심을 끌기도
　　ㄴ. 비난을 받기도
　　ㄷ. 문제를 일으키기도
　　ㄹ. 칭찬을 받기도

5-3) 아래에 설명된 뜻을 가진 단어를 본문에서 찾아 쓰세요.

Write the word from the main text that has the following definition.

1. 다른 사람과 구별되는 특별히 자기만 가지고 있는 특성: _____

2. 어떤 사람을 처음 만났을 때 받는 느낌: _____

3. 전화나 편지로 어떤 문제에 대한 사람들의 생각을 알아보는 것: _____

4. 기대한 것 외에 생기는 문제나 수술이 잘못 되었을 때 생기는 문제: _____

5. 외모가 최고라고 생각하는 분위기, 생각: _____

6. 볼 일을 보러 밖에 나가는 것: _____

7. 어떤 사람이나 물건이 가지고 있는 성질, 경향: _____

8. 새로운 모양, 형식등이 널리 퍼짐: _____

5-4) 아래에 주어진 단어의 반대말을 본문에서 찾아 쓰세요.

Write the antonyms of the following words from the main text.

1. 뚱뚱하다: _____

2. 살을 찌우다: _____

3. 늙다: _____

4. 내적인: _____

5. 효도: _____

6. 장가가다: _____

5-5) 나머지 셋과 가장 관계가 먼 것을 하나 고르세요.

Choose the word that is least related to the other three.

....

1. ㄱ. 직업   ㄴ. 학벌   ㄷ. 유행   ㄹ. 집안

2. ㄱ. 지위   ㄴ. 역할   ㄷ. 기대   ㄹ. 성격

3. ㄱ. 조건   ㄴ. 화장   ㄷ. 옷차림   ㄹ. 머리모양

VI: QUESTIONS FOR DISCUSSION AND COMPOSITION
토론과 작문 질문

---

1. 한국사람들이 특히 외모에 관심이 많다는 말에 동의합니까? 그렇다면 왜 그렇다고 생각합니까?

2. 여자들이 남자들보나 외모를 더 중요하게 생각한다는 말에 동의합니까?

   그렇다면 왜 그렇습니까?

3. 성형수술에 대한 여러분의 생각은 어떻습니까? 가족이나 친구, 친척 중 누가 성형수술을 하겠다면 여러분은 어떻게 하겠습니까?

4. 성형수술의 장점은 무엇입니까? 그리고 단점은 무엇입니까?

5. 여러분은 어떤 사람이 아름다운 사람이라고 생각합니까? 여러분이 지금까지 만난 사람중에서 가장 아름답다고 생각하는 사람을 예를 들어 설명해 봅시다.

6. 진정한 아름다움은 무엇이며 어떻게 얻어질 수 있는지 토론해 봅시다.

성형수술에 대해 찬성하는 입장과 반대하는 입장 (pros and cons)중 하나를 고르고 자신의 입장을 대변해 보세요 (defend your position).

WORD LIST
어휘목록

특성(特性)	characteristics
분명(分明)하다	to be apparent, obvious
외출(外出)	going out
신경(神經)을 쓰다	to be concerned about
개성(個性)	individuality
실용성(實用性)	practicality
멋	style
옷차림	one's attire, personal appearance
직업(職業)	occupation
성격(性格)	personality
판단(判斷) 하다	to judge
첫인상(-印象)	first impression
기본예의(基本禮儀)	basic etiquette

화장(化粧)	make-up
날씬해지다	to become slender
억지로	by force, under pressure
유행(流行)	in fashion
성형수술(成形手術)	plastic surgery
쌍꺼풀 수술(手術)	double eyelid surgery
대통령(大統領)	president (of the country)
화제(話題)	topic (of conversation)
보고(報告)하다	to report
수술비(手術費)	fee for surgery
신체(身體)	body
불효(不孝)	impiety, disobedience
의사(意思)	intention
만족(滿足)하다	to be satisfied
외모지상주의	the thought that external
(外貌至上主義)	appearances are everything
조사(調査)	survey
학벌(學閥)	academic clique, academic
	sectionalism
학력(學力)	scholastic ability
학력(學歷)	level of education, academic career
최고(最高)의	the best groom candidate
신랑(新郞) 감	
시집가다	to marry (of a woman)
장가가다	to marry (of a man)
예술(藝術)	art
대상(對象)	an object
내적(內的)이다	to be internal

무시(無視)하다	to ignore
진정(眞正)하다	to be true, authentic
대중매체(大衆媒體)(미디어)	mass media

한국사람과 흡연
KOREANS AND SMOKING

Unit Focus: 한국사람들의 흡연실태와 흡연이유, 금연운동에 대해 알아본다.

I: BACKGROUND INFORMATION
도입

For anyone who has visited Korea, it would not be a surprise to hear that over sixty percent of Korean men smoke cigarettes. Koreans who choose to partake in smoking hopefully know of the risks, both short-term and long-term. If the deleterious effects of smoking are known worldwide, why do smokers fail to quit?

한 무리의 남자들이 휴식시간에 모여 담배를 피우고 있다.

준비학습

1. 세계에서 흡연인구가 가장 많은 나라는 어디일까요? 한국도 흡연자가 많은 나라에 속하는데 왜 한국사람들이 특히 담배를 많이 피울까요?

2. 요즘 여러 나라에서 벌어지고 있는 금연캠페인은 어떻게 시작되었으며 얼마나 효과적이라고 생각합니까?

3. 흡연의 긍정적인 면과 부정적인 면은 무엇입니까?

4. 흡연자들을 줄일 수 있는 효과적인 방법은 어떤 것이 있을까요? 그 방법의 장점과 단점을 생각해 봅시다.

III: MAIN TEXT
본문

Core Vocabulary (핵심단어): 담배, 금연(운동), 흡연자/흡연인구/흡연구역/흡연율

세계에서 담배를 피우는 사람들의 수가 가장 많은 나라는 어디일까? 정부까지 참여한 '금연'캠페인(운동)에 관계없이 흡연자들이 줄지 않고 있는 나라는 어디일까?

몇년 전부터 미국등 여러 나라에서 금연운동이 활발하게 벌어지고 있고 흡연구역을 따로 정해서 거기서만 담배를 피울 수 있게 하고 있다. 그 결과로 담배를 끊는 사람들도 많아지고 있다. 담배회사들은 고객을 잃지 않기 위해서 여러가지 노력을 하지만 큰 효과는 없는 것처럼 보인다. 흡연인구는 계속 줄고 있기 때문이다. 미국만큼은 아니지만 한국에서도 금연운동이 상당히 활발한 편이고 또 실제로 전체 흡연율이 2004년 이후 최저로 떨어졌다는 기사도 있지만 (연합뉴스 2006년 8월 15일) 담배를 피우는 한국사람들은 여전히 많은 것 같다. 위의 기사에 따르면, 20세 이상 한국성인의 약 25%가 담배를 피우는데 특히 20, 30대 남자의 경우는 약 65%가 담배를 피운다고 한다.

많은 의사들은 40대 한국인들이 죽는 가장 큰 원인 중의 하나가 흡연과 관계가 있다고 말한다. 특히 흡연으로 인해 생기는 가장 큰 질병은 폐암이다. 문제가 심각해 지니까 정부는 흡연자를 줄이기 위해 담뱃갑에 경고문을 붙이고 기차역이나 지하철 역, 극장 등 공공장소에서는 담배를 피우지 못하게 하였을 뿐만 아니라 담뱃값도 계속 올리고 있다. 그럼에도 불구하고 특히 남성 흡연자는 기대한 만큼 줄지 않고 있고 여성 흡연자나 청소년 흡연자는 오히려 늘어나고 있다.

사람들이 담배를 피우는 이유는 여러가지가 있겠지만 많은 사람들은 복잡한 생활에서 오는 스트레스를 풀기 위해서, 또는 '피어프레셔' (또래압박감)때문에 담배를 피운다고 한다. 사교의 목적으로, 단순한 호기심 때문에, 멋있어 보여서, 또는 살을 빼기 위해서 담배를 피운다는 사람도 있다. 물론 이런 이유 때문에 담배를 피우는 사람들은 그 동기가 없어지면 담배를 끊기도 쉬울 것이다. 흡연자들 역시 담배가 건강에 해롭고 위험한 질병을 일으킬 수 있다는 것을 알고 있다. 그런데도 많은 사람들이 담배를 계속 피우는 것은 어떻게든 담배를 끊어 보겠다는 흡연자들의 의지보다 더 무서운 '니코틴 중독'의 힘때문일까? 아니면 그 이유들이 건강에 대한 걱정보다 더 중요하게 생각되기 때문일까?

담배를 피우느냐 안 피우느냐는 물론 개인이 결정할 문제이다. 아무도 개인의 자유를 뺏을 수는 없다. 그러나 흡연이 왜 나쁜지, 흡연을 할 경우 다른 사람들에게 어떤 영향을 미치게 될지, 왜 담배를 끊는 것이 좋은지를 흡연자 뿐만 아니라 미래의 흡연자들이 될 청소년들에게도 알리고 교육시킨다면 언젠가는 결국 흡연인구가 줄지 않을까?

IV: COMPREHENSION QUESTIONS
이해 확인

4-1) 다음의 문장이 본문의 내용과 맞으면 '맞음,' 틀리면 '틀림'을 쓰세요.

If the following statement is true, write T; if false, write F.

....

I. 대부분의 다른 나라에서는 금연운동이 활발하지만 한국은 그렇지 않다. (   )

2. 금연운동이 어느 정도 효과를 거두면서 담배회사들의 고객을 지키려는 노력은 어려움을 겪고 있다. (   )

3. 한국에서 가장 담배를 많이 피우는 사람들은 20, 30대의 남자들이다. (   )

4. 40대 한국사람들이 죽는 가장 큰 원인 중 하나는 흡연으로 인해 생기는 간암때문이다. (   )

5. '금연'운동 덕분에 한국에서는 남성흡연자들 뿐만 아니라 여성흡연자들도 줄고 있다. (   )

6. 많은 흡연자들은 담배가 건강에 해롭다는 걸 알면서도 다른 이유때문에 담배를 피운다. (   )

7. 어떤 사람들은 복잡한 생활에서 오는 스트레스 (답답한 느낌)를 풀기 위해서 담배를 피운다. (   )

8. 담배를 피우는 것이 멋있다고 생각하는 사람들은 없다. (   )

9. 담배는 위험한 질병을 일으키니까 정부가 법을 만들어서 사람들이 담배를 피우지 못하게 해야 한다. (   )

10. 흡연자를 줄일 수 있는 한가지 방법은 교육이다. (   )

4-2) 본문의 내용에 따라 다음 질문에 간단히 대답하세요.

Briefly answer the following questions in writing based on the main text.

....

1. 미국의 경우에 금연운동의 효과가 어떻게 나타나고 있습니까?

2. 본문에 나온 통계에 따르면 20세 이상 한국 성인의 어느 정도가 담배를 피웁니까?

3. 흡연으로 인해 생기는 가장 큰 질병은 무엇입니까?

4. 한국정부에서는 금연운동의 예로 어떤 일을 했습니까?

5. 한국의 경우에 2004년 이후 전체흡연율이 어떻게 변했습니까?

6. 사람들이 담배를 피우는 이유는 무엇입니까? 본문에 나온 여섯가지를 쓰십시오.

7. 담배를 피우느냐 안 피우느냐는 누가 결정합니까?

8. 미래의 흡연인구를 줄이기 위한 방법은 무엇입니까?

5-1) 보기에서 적당한 단어를 골라 빈 칸을 채우세요.

Fill in the blanks with the appropriate word from the examples.

건강   질병   흡연구역   교육   사교

1. 몇년 전부터 미국등 여러 나라에서 금연운동이 활발하게 벌어지고 있고_____을/를 따로 정해서 거기서만 담배를 피울 수 있게 하고 있다.

2. 특히 흡연으로 인해 생기는 가장 큰 _____은/는 폐암이다.

3. _____의 목적으로, 또는 단순한 호기심 때문에, 또는 멋있어 보여서, 또는 다이어트를 위해서 담배를 피운다는 사람도 있다.

4. 많은 문제에도 불구하고 사람들이 담배를 계속 피우는 것은 아마 그 이유들이_____에 대한 걱정보다 더 중요하게 생각되기 때문이 아닐까?

5. 흡연이 왜 나쁜지를 미래의 흡연자들이 될 청소년들에게도 알리고_____시킨다면 언젠가는 결국 흡연인구가 줄지 않을까 생각된다.

5-2) 밑줄 친 단어나 표현과 뜻이 가장 비슷한 것을 고르세요.

Choose the word or expression closest in meaning to the underlined word or expression.

1. 금연운동에는 많은 사람들과 정부가 함께 <u>참여하고</u> 있다.
   - ㄱ. 가담하고
   - ㄴ. 걱정하고
   - ㄷ. 노력하고
   - ㄹ. 성공하고

2. 담배회사들은 고객을 잃지 않으려고 애를 쓰지만 <u>별 효과가 없어</u> 보인다.
   - ㄱ. 좋은 결과를 얻지 못하는 것처럼
   - ㄴ. 별 문제가 없어
   - ㄷ. 큰 차이가 있는 것처럼
   - ㄹ. 애를 쓴 이유가 있어

3. 문제가 <u>심각해 지니까</u> 정부가 담뱃갑에 경고문을 붙이는 등 특별한 노력을 하고 있다.
   - ㄱ. 점점 작아지니까
   - ㄴ. 점점 커지니까
   - ㄷ. 해결되지 않으니까
   - ㄹ. 생기기 시작하니까

4. 어떤 사람들은 <u>사교의 목적으로</u> 담배를 피운다.
   - ㄱ. 친구들이 시키니까 할 수 없이
   - ㄴ. 스트레스를 풀려고
   - ㄷ. 사람들과의 관계를 잘 하기 위해
   - ㄹ. 멋있어 보일 것 같아서

5. 담배를 피우는 사람들도 담배가 <u>건강에 해롭다</u>
는 것을 안다.
   ㄱ. 몸에 나쁘다는
   ㄴ. 건강하고는 상관이 없다는
   ㄷ. 건강에 도움이 된다는
   ㄹ. 몸을 날씬하게 해 준다는

6. 금연운동과 흡연자를 위한 교육을 계속하면 <u>결
국</u> 흡연인구는 줄게 될 것이다.
   ㄱ. 금방   ㄴ. 빨리
   ㄷ. 더욱   ㄹ. 마침내

5-3) 아래에 설명된 뜻을 가진 단어를 본문에서 찾아
쓰세요.
*Write the word from the main text that has the following
definition.*

1. 담배를 피우는 사람: _____

2. 담배를 못 피우게 하는 것, 또는 담배를 끊는 것:
   _____

3. 극장이나 다방, 역 등 사람들이 많이 모이는 곳:
   _____

4. 새로운 것, 해 보지 않은 것에 대해 궁금하게 느
끼고 알고 싶어하는 마음: _____

5. 어떤 일을 하지 못하게 알리는 글: _____

6. 전체 인구 중에서 담배를 피우는 사람의 수:
   _____

7. '손님'의 다른 말. 물건을 사거나 서비스를 받는
   사람: _____

8. 무엇을 마음대로 할 수 있는 권리: _____

9. 어떤 일을 하고 싶거나 하게 만드는 특별한 이유
   나 원인: _____

10. 앞으로 올 시간: _____

5-4) 아래 단어의 반대말을 본문에서 찾아 쓰세요.
Write the antonyms of the following words from the main text.

1. 이롭다: _____

2. 안전한: _____

3. 단순한: _____

4. 줄다: _____

5-5) 맞는 것끼리 연결하세요.

Connect the related words.

....

1. 운동이	ㄱ. 벌어지다
2. 경고문을	ㄴ. 풀다
3. 스트레스를	ㄷ. 일으키다
4. 질병을	ㄹ. 피우다
5. 담배를	ㅁ. 붙이다

1. 그 결과로	ㄱ. according to statistics
2. __에 비하면	ㄴ. as a result
3. 통계에 따르면	ㄷ. compared to

VI: QUESTIONS FOR DISCUSSION AND COMPOSITION
토론과 작문 질문

---

1. 본문에 나온 것 외에 사람들이 담배를 피우는 이유는 또 어떤 것이 있습니까?

2. 많은 사람들이, 특히 한국사람들이, 남자가 담배를 피우는 것은 당연하게 생각하지만 여자가 담배를 피우는 것에 대해서는 부정적입니다. 여러분의 의견은 어떻습니까?

3. 청소년들의 흡연은 심각한 문제로 볼 수 있습니다. 청소년들이 담배를 피울 경우 어떤 문제가 생길까요?

4. 텔레비전이나 광고의 금연캠페인이 흡연자들이 담배를 끊는 데 얼마나 도움이 된다고 생각합니까? 도움이 되지 않는다고 생각한다면 왜 그렇습니까?

5. 흡연자들의 숫자는 연령, 성별, 그리고 수입 등 여러 요인(要因 factor)에 따라서 다를 것 같습니다. 어떤 그룹(부류)의 사람들이 더 담배를 많이 피울까요? 왜요?

6. 흡연도 알코올(술 alcohol)이나 마약(drugs), 그리고 도박(gambling)처럼 중독현상이라고 볼 수 있지만 다른 중독들만큼 심각하게 받아들여지지 않는 것 같습니다. 왜 그럴까요?

7. 여러분은 담배를 피워 본 일이 있습니까? 아직도 피웁니까? 왜 피웁니까? 끊기 위해서 노력해 보았습니까? 끊지 못했다면 왜 그랬습니까? 흡연과 관련된 개인적인 경험을 얘기해 보세요.

VII: RELATED TASK
관련과제

텔레비전이나 잡지에 나오는 금연광고를 다 모아 보세요. 그 중에서 가장 마음에 드는 광고를 하나 골라서 내용과 예상되는 효과에 대해 토론해 보세요.

그런 후, 여러분이 직접 금연광고를 만들어 보세요.
그리고 여러분이 만든 광고의 가장 중요한 'concept'은
무엇인지 설명해 보세요.

WORD LIST
어휘목록

정부(政府)	government
금연(禁煙)	no smoking
흡연자(吸煙者)	smoker
운동(運動)	movement, campaign
활발(活潑)하다	to be vigorous, active
	(활발하게: vigorously, actively)
흡연구역(吸煙區域)	smoking zone
결과(結果)	result
끊다	to stop (smoking, drinking, etc.)
	to cut off (connection)
고객(顧客)	customer
효과(效果)	effect
흡연율(吸煙率)	smoking rate
최저(最低)	the lowest
기사(記事)	article (newspaper, magazine, etc.)
성인(成人)	adult
흡연인구(吸煙人口)	smoking population
꽤	quite
폐암(肺癌)	lung cancer
심각(深刻)해지다	to become serious
담뱃갑(匣)	cigarette pack

경고문(警告文)	warning (written)
오히려	rather
복잡(複雜)하다	to be complicated, crowded
사교(社交)	social life
목적(目的)	purpose
단순(單純)하다	to be simple
호기심(好奇心)	curiosity
동기(動機)	motivation
어쨌든	anyhow
건강(健康)	health
해(害)롭다	to be harmful
위험(危險)하다	to be dangerous
질병(疾病)	disease
의지(意志)	intention, will
중독(中毒)	addiction
계속(繼續)	continuously
힘	power, strength
자유(自由)	freedom
뺏다	to take (something) away
청소년(靑少年)	teenager, adolescent
결국(結局)	eventually, at last
요인(要因)	important factor
도박(賭博)하다	to gamble
광고(廣告)	advertisement

한국인의 남아선호사상
KOREANS' PREFERENCE FOR BOYS

Unit Focus: 오랜 시간동안 한국사회를 지배해 온 남아선호사상의 영향과 결과, 변화 상황에 대해 배운다.

I: BACKGROUND INFORMATION
도입

A mother is about to give birth, and as her child enters the world, ready to start a new life, she and her husband both hear the doctor proclaim, "Congratulations! It's a healthy girl!" Instead of cherishing the moment, tears begin to well in the mother's eyes, because she cannot help but wonder how different their lives would be if the newborn were a boy. While not all Korean mothers would react in the same way to this event, this true story is just one example of 'preferential treatment' for males, widespread in Korean culture.

주말을 맞아 동네 공원의 작은 연못에서 놀고 있는 아이들. 남아들이 대부분이다.

1. 남아선호사상은 한국의 문화적 특성을 잘 보여 주는데 한국사람들이 이런 생각을 갖게 된 역사 적, 사회적 배경은 무엇인지 생각해 봅시다.

2. 남아선호사상의 결과는 현재 어떻게 나타나고 있을까요?

3. 남아선호사상은 사회변화에 어느 정도 영향을 받을까요?

4. 남아선호사상이 변하고 있다면 그 이유는 무엇 일까요?

III: MAIN TEXT
본문

Core Vocabulary (핵심단어): 남아선호사상, 성비불균형, 유교적 관습, 낙태, 태아성감별, 저출산율

한국사람들이 전통적으로 남자아이를 여자아이 보다 더 좋아한다는 것은 이미 잘 알려진 사 실이다. 그리고 이런 경향은 상당히 오랫동안 남아 의 수가 여아의 수보다 많은 '성비불균형' 현상을 가 져왔다. 최근의 한 통계를 보면 (2006년 6월 20일 엠파스 뉴스), 2005년을 기준으로 할 때 서울에 사

는 0-4세의 평균 남녀 성비는 여자 100명당 남자는 106.5명, 5-9세의 경우는 107.9명, 10-14세의 경우 111.4명이라고 한다. 물론 10년 전에 비하면 '성비불균형'현상이 많이 약화되었다고 볼 수 있지만 남아선호사상은 여전히 우리 문화의 한 부분으로 남아 있고 이런 성비불균형 현상은 계속되고 있다.

남아선호사상은 오랜 세월동안 한국사람들의 사고에 많은 영향을 미친 유교적 관습에 깊이 뿌리를 두고 있다. 한 집안의 '대'를 이을 남자 아이를 낳기 위해서 계속 아이를 낳다가 딸만 여섯, 일곱을 낳은 집들을 주위에서 보는 것이 어렵지 않았다. 그런데 최근에는 의학의 발달로 태어날 아기의 성별을 미리 알 수 있게 되면서 '딸 부잣집'은 줄어 들었지만 '낙태'라는 새로운 문제가 나타났다. 어떤 부모들은 태어날 아기가 여자아이라고 하면 낙태를 시키기 때문이다. 부모들이 태어날 아기의 성별을 미리 알고 싶어하는 것은 자연스러운 일이지만 그런 관심이 단순한 호기심에 그치지 않고 아기를 낙태시키는 건 생각해 볼 문제다. 이렇게 여아가 낙태되니까 자연히 남아의 수가 여아의 수보다 많아질 수 밖에 없다. 더군다나 보통 대, 여섯명씩 아이를 낳던 옛날과는 달리, 요즘의 젊은 부부들은 아이를 하나나 둘만 낳기 때문에 꼭 남자아이를 낳아야 한다는 부담을 가진 부부들은 이 부담때문에 태아성감별을 하기도 한다. 또 가난한 사람보다는 부자들이 특히 강한 남아선호사상을 보이고 있다고 하는데 이는 아무래도 결혼하면 '남의 집 식구'가 될 딸보다는 아들이 재산을 물려받아야 한다고 생각하는 경향 때문인 것 같다. 물론 모든 여자들이 다 꼭 남자아이를 낳아야 한다는 생각을 하는 것도 아니고 여자아이를 낳지 않으려고 낙태를 하는 것도 아니다. 집안이나 시부모, 또는 남편의 기대때문에 할 수 없이 그렇게 하는 여자들도 적지 않다.

그런데 이런 전통적인 남아선호사상도 빠른 사회변화와 함께 다소 흔들리고 있는 듯이 보인다. 1970년대 한국에서는 "딸, 아들 구별말고 둘만 낳아 잘 기르자"라는 캠페인(구호)이 유행했었다. 물론 이 캠페인은 인구증가를 막기 위해 나온 것이었지만 아들만 낳으려는 사람들의 생각을 바꾸어 보려는 노력이기도 했다. 그러다가 1980년대에는 "잘 키운 딸 하나, 열 아들 안 부럽다"라는 캠페인이 유행했었다. 말 그대로 성별이 중요한 것이 아니라 잘 키우는 것이 더 중요하다는 걸 강조했다. 그런데 21세기가 시작된 지금은 아이의 성별보다는 출산 그 자체가 더 중요한 이슈(쟁점)가 되었다. 양육의 어려움, 비싼 교육비, 자유로운 생활 등 여러가지 이유로 아이를 낳지 않으려는 부부들이 많아지면서 '저출산율'이 새로운 사회문제로 등장했기 때문이다. 꼭 아들을 낳아야 하는가? 아니면 꼭 아이를 낳아야 하는가? 얼마 전까지만 해도 결코 바뀌지 않을 것 같던 남아선호사상이 약해지는 것을 보면 앞으로 또 어떤 변화가 생길지 예상하기가 쉽지 않을 것 같다.

4-1) 다음의 문장이 본문의 내용과 맞으면 '맞음,' 틀리면 '틀림'을 쓰세요.

If the following statement is true, write T; if false, write F.

....

1. 한국사람들은 유교적 관습의 영향으로 옛날부터 남자아이를 여자아이보다 더 좋아했다. (   )

2. 남아선호사상의 한 결과는 '성비불균형' 현상이다. (   )

3. 최근의 통계에 의하면 10년 전이나 지금이나 큰 차이없이 남아가 여아보다 훨씬 많다. (   )

4. 남아를 꼭 낳아야 하는 이유는 집안의 '대'를 이어야 한다고 생각하기 때문이다. (   )

5. 태아의 성별을 미리 알 수 있게 된 것은 의학의 발달 덕분이다. (   )

6. 부모들이 태아의 성별에 호기심을 갖는 것은 나쁘다. (   )

7. 요즘의 젊은 부부들은 거의 다 태아성감별을 한다. (   )

8. 한국여자들이 다 꼭 남자아이를 낳아야 한다고 생각하는 것은 시부모와 집안의 기대때문이다. (   )

9. 1970년대 또는 1980년대와는 달리 지금은 아들을 낳아야 한다는 생각보다는 아이를 낳아야 한다는 생각이 더 강하다. (   )

10. 남아선호사상은 시간이 흘러도 쉽게 바뀌지 않을 것이기 때문에 걱정이다. (   )

4-2) 본문의 내용에 따라 다음 질문에 간단히 대답하세요.

Briefly answer the following questions in writing based on the main text.

1. 성비불균형 현상은 무엇입니까?

2. 남아선호사상이 여전히 우리 문화의 한 부분으로 남아 있는 이유는 무엇입니까?

3. 태아의 성별을 미리 알 수 있게 되면서 어떤 문제가 생겼습니까?

4. 요즘 젊은 부부들이 태아성감별을 하는 이유는 무엇입니까?

5. 아이를 낳아야 하는 여자들 외에 낙태결정에 영향을 주는 사람들은 누구입니까?

6. 부자들이 더 강한 남아선호사상을 보이는 이유는 무엇입니까?

7. 1970년대에 인구증가를 막기 위해 나온 캠페인은 무엇이었습니까?

8. 1980년대에 유행했던 캠페인은 무엇이었습니까?

9. 21세기를 사는 지금의 부부들에게 가장 큰 관심은 무엇입니까?

10. 최근에 아이를 낳지 않으려는 부부들이 많아진 이유는 무엇입니까?

5-1) 보기에서 적당한 말을 골라 빈 칸을 채우세요.

Fill in the blanks with the appropriate word from the examples.

성비불균형	남아선호사상	인구증가
태아성감별	재산	출산
낙태	의학의 발달	

1. _____은/는 오랜 세월동안 한국사람들의 사고에 많은 영향을 미친 유교적 관습에 깊이 뿌리를 두고 있다.

2. 요즘의 젊은 부부들은 아이를 하나나 둘만 낳기 때문에 꼭 남자아이를 낳아야 한다는 부담을 가진 사람들은 이 부담때문에_____을/를 하기도 한다.

3. 최근에는_____(으)로 태어날 아기의 성별을 미리 알 수 있게 되었다.

4. 어떤 부모들은 태어날 아기가 여자아이이라고 하면_____을/를 시킨다.

5. 1970년대 한국에서는 "딸, 아들 구별말고 둘만 낳아 잘 기르자"라는 캠페인이 유행했는데 이 캠페인은_____을/를 막기 위해 나온 것이었다.

6. 한국사람들이 전통적으로 여아보다 남아를 선호해 온 경향은 상당히 오랫동안 남아의 수가 여아의 수보다 많은_____현상을 가져왔다.

7. 가난한 사람보다는 부자들이 특히 강한 남아선호사상을 보이고 있다고 하는데 이는 아무래도 아들이_____을/를 물려받아야 한다고 생각하는 경향 때문인 것 같다.

8. 21세기가 시작된 지금은 아이의 성별보다는_____ 그 자체가 더 중요한 이슈가 되었다.

5-2) 밑줄 친 단어나 표현과 뜻이 가장 비슷한 것을 고르세요.

Choose the word or expression closest in meaning to the underlined word or expression.

....

1. 한국사람들은 <u>전통적으로</u> 남자아이를 더 좋아했다.
   - ㄱ. 항상 변함없이
   - ㄴ. 최근에는
   - ㄷ. 꾸준히
   - ㄹ. 오래전부터

2. 남아선호사상은 오랜 세월동안 한국사람들의 <u>사고에</u> 많은 영향을 미친 유교적 관습에 뿌리를 두고 있다.
   - ㄱ. 삶에   ㄴ. 생각에
   - ㄷ. 생활에   ㄹ. 관계에

3. 한 집안의 <u>'대'를 이을</u> 남자 아이를 낳기 위해서 계속 아이를 낳다가 딸만 여럿 낳은 집들을 주위에서 보는 것이 어렵지 않았다.
   - ㄱ. 핏줄을 이을
   - ㄴ. 부를 이을
   - ㄷ. 희망을 가져올
   - ㄹ. 사랑을 많이 받을

4. 부모들이 태어날 아기의 성별에 관심을 갖는 것은 <u>자연스러운</u> 일이다.
    ㄱ. 이상한
    ㄴ. 당연한
    ㄷ. 이해하기 어려운
    ㄹ. 옳지 않은

5. <u>더군다나</u> 보통 대, 여섯명씩 아이를 낳던 옛날과는 달리, 요즘의 젊은 부부들은 아이를 하나나 둘만 낳는다.
    ㄱ. 그래서   ㄴ. 그렇지만
    ㄷ. 그런데   ㄹ. 게다가

6. 한때 한국에서는 "딸, 아들 구별말고 둘만 낳아 잘 기르자"라는 캠페인이 <u>유행했었다.</u>
    ㄱ. 시끄러웠었다
    ㄴ. 널리 퍼졌었다
    ㄷ. 사랑을 받았었다
    ㄹ. 관심을 모았었다

7. 얼마전까지만 해도 절대 바뀌지 않을 것 같던 남아선호사상이 약해지는 것을 보면 앞으로 또 어떤 변화가 생길지 <u>예상하기가</u> 쉽지 않을 것 같다.
    ㄱ. 해결하기가
    ㄴ. 토론하기가
    ㄷ. 미리 생각하기가
    ㄹ. 설명하기가

8. 이런 전통적인 남아선호사상도 빠른 사회변화와 함께 다소 <u>흔들리고</u> 있는 듯이 보인다.
    ㄱ. 변하고   ㄴ. 움직이고
    ㄷ. 비난받고   ㄹ. 이해되고

5-3) 아래에 설명된 뜻을 가진 단어를 본문에서 찾아 쓰세요.

Write the word from the main text that has the following definition.

1. 남편의 부모: _____

2. 옛날부터 이어져 내려오는 것: _____

3. 남자와 여자의 비율이 한쪽으로 치우침: _____

4. 아이가 태어나기 전에 없애는 것: _____

5. 태어날 아기가 남자인지 여자인지 알아보는 것: _____

6. 아이를 낳는 것: _____

7. 아이를 키우는 것: _____

8. 어떤 생각이 한쪽으로 기울어 지는 것: _____

5-4) 아래 단어의 반대말을 본문에서 찾아 쓰세요.

Write the antonyms of the following words from the main text.

....

1. 남아: _____

2. 어색하다: _____

3. 무관심: _____

4. 충분: _____

5. 감소: _____

5-5) 맞는 것끼리 연결하세요.

Connect the related words.

....

1. 대를   ㄱ. 물려받다

2. 재산을   ㄴ. 유행하다

3. 캠페인이   ㄷ. 잇다

4. 사회문제로   ㄹ. 등장하다

VI: QUESTIONS FOR DISCUSSION AND COMPOSITION
토론과 작문 질문

---

1. 한국사람들의 남아선호사상은 어디에 뿌리를 두고 있습니까?

왜 한국사람들은 남자아이를 여자아이보다 더 좋아할까요?
한국사회에서 전통적인 남녀의 역할이란 관점에서 생각해 봅시다.

2. 태아성감별과 낙태의 문제점은 무엇입니까? 도덕적(ethical), 사회적(social) 관점에서 생각해 보세요.

3. '성비불균형'이 계속되면 어떤 사회문제가 생길까요? 예상되는 문제와 해결책을 토론해 봅시다.

4. 남아선호사상에 대한 여러분의 개인적인 경험과 생각을 얘기해 보세요.
여러분이 남자이기 때문에 또는 여자이기 때문에 다른 형제들과 다르게 취급받은 적은 없습니까?

VII: RELATED TASK
관련과제

지금부터 10년 후 한국의 상황은 어떻게 달라질까요? 지금까지의 변화를 바탕으로 10년 후의 한국은 어떤 모습일지 가상 시나리오를 써 보세요.

전통적(傳統的)으로	traditionally
사실(事實)	fact
남아(男兒)	boy
여아(女兒)	girl
성비불균형(性比不均衡)	sex ratio imbalance
기준(基準)	the/a standard
평균(平均)	the/an average
약화(弱化)되다	to be weakened
여전히	still
부분(部分)	part
계속(繼續)되다	to be continued
유교적(儒敎的)	Confucian
관습(慣習)	custom
뿌리	root
핏줄을 잇다	to pass on the blood
의학(醫學)의 발달(發達)	medical advancement
성별(性別)	sex, gender
낙태(落胎)	abortion
자연(自然)스럽다	to be natural
관심(關心)	concern
그치다	to end or stop
아이를 낳다	to give birth
부담(負擔)	burden
태아성감별(胎兒性鑑別)	discrimination of the sex of a fetus
재산(財産)을 물려받다	to receive an inheritance
시부모(媤父母)	woman's parents-in-law

흔들리다	to be shaken
구별(區別)	distinction
유행(流行)하다	to be in fashion, vogue
인구증가(人口增加)	population increase
출산(出産)	childbirth
자체(自體)	itself
양육(養育)	raising a child
저출산율(低出産率)	low birth rate
등장(登場)하다	to make an appearance
구호(口號)	slogan, catchphrase

Unit 10

해외에서의 한국인의 인상
KOREANS' IMAGE ABROAD

Unit Focus: 세계인들에게 한국과 한국인은 어떻게 비쳐지고 있는지 한국인의 인상에 대해 알아본다.

I: BACKGROUND INFORMATION
도입

Korea has shed its image of a poor, war-torn country, but how exactly does the world perceive Korea and its people today? In the city of Chicago, where many Koreans make their home, a newspaper poll asked, "Which minority group makes a favorable impression on you?" Koreans ranked 18th out of 30 groups listed. While it is difficult to isolate any one reason for this finding, this essay touches on certain images that Koreans may evoke abroad.

곳곳에서 볼 수 있는 한국인들의 역동적인 모습. 사진은 서울의 한 거리와 미국의 한 도시에 있는 태권도장.

1. 세계인들은 한국과 한국인들을 어떻게 생각하고 있을까요?

2. 50년 전의 한국과 지금의 한국은 어떤 면에서 어떻게 달라졌습니까?
그리고 이런 변화는 한국에 대한 이미지를 어떻게 변화시켰습니까?

3. 한국인에 대한 인상이 긍정적이면 왜 그렇습니까? 부정적이면 왜 그렇습니까?

4. 한 나라에 대한 인상과 그 나라 국민에 대한 인상은 항상 같을까요?

III: MAIN TEXT
본문

Core Vocabulary (핵심단어): 인상/이미지, 동포, 외국/해외, 경제성장/경제발전, 긍정적/부정적, 유학

세계인들에게 비쳐진 한국과 한국인의 모습은 어떤 것일까? '한국'하면 떠올리는 이미지는 무엇일까? 한국을 방문하는 외국인들이 한국인들에게서 받는 인상과, 외국에 사는 한국동포들이 (예, 재일동포, 재미동포 등) 자신들이 사는 나라의 국민

들에게 주는 인상과, 한국인이 해외에 나가서 심는 (예, 해외여행, 유학 등) 한국인들의 인상은 같은 것일까?

우리는 한 나라의 인상은 그 나라 국민들의 인상과 같다는 이야기를 자주 듣는다. 1950년의 한국전쟁 후 한국사람들은 전쟁의 상처와 가난으로 고생했다. 그러나 약 30년 후 '한강의 기적'을 만들어 낸 눈부신 경제성장과, 1988년의 성공적인 올림픽 개최, 2002년의 월드컵 공동개최로 한국이라는 이름은 세계에 널리 알려졌으며, 세계인들이 한국을 바라보는 눈도 많이 달라졌다. 특히 경제발전은 많은 개발도상국들의 모델(본보기)이 되고 있을 뿐만 아니라 세계 어디를 가도 '현대' 자동차, '삼성' 텔레비전이나 카메라(사진기), '엘지' 마이크로웨이브(전자레인지), 에어콘, 휴대전화 등을 쉽게 볼 수 있다. 또 미국이나 독일등에 이민해서 살고 있는 한국동포들도 열심히 일해서 소수민족들 중에서 가장 성공한 그룹의 하나로 평가받고 있다. 더군다나 90년대에 들어와서는 비록 아시아에 국한되긴 하지만 '한류'라 불리는 한국 대중문화의 높은 인기로 한국문화에 대한 관심도 그 어느때보다 높아져 있다.

그러나 한국과 한국사람들에 대한 인상이 긍정적이고 좋은 것만은 아니다. 1980년대 후반에 해외여행이 자유화되고 유학이 붐을 이루면서 외국에 나가는 한국사람들이 갑자기 늘어나게 되었고 세계 곳곳에 '어글리 코리안'이라는 좋지 않은 이미지를 남기는 사람들도 많아지게 된 것이다. 여행중에 돈을 물쓰듯이 쓰고 여행하는 나라의 공중도덕을 지키지 않는 등 부끄러운 이야기가 자주 신문이나 텔레비전에 나온다. 이런 현상의 가장 큰 원인은 해외여행이 자유화되면서부터 한국사람들이 그동안 외국에 대해 가져왔던 호기심이 한꺼번에 터져 나온 때문인 것 같다. 관광객뿐만 아니라 유학생들 중에서도 아주 열심히 공부하는 학생들이 많은 반면에, 일부 '도피유학'이나 '조기유학'을 온 학생들이 학교생활의 스트레스와 외국생활의 어려움을 이겨내지 못하고 문제를 일으키기도 한다.

   수년 전에 유럽의 한 신문기사는 <한국인과의 비지니스 안내서>에서 이렇게 쓰고 있다고 한다. "한국인은 외모와 직위를 중요시하고 감정적이다." "한국사람들은 부지런하지만 일밖에 모른다." 한국 관광객이 특히 많은 동남아시아 국가에서 한국사람들은 "빨리 빨리 국민"으로 통한다고 한다. 반면에 많은 미국사람들은 한국하면 북한 핵문제와 LPGA 골퍼를 떠올린다. 물론 한 나라나 국민을 "전형화"시켜서 편견을 갖고 대하는 것은 위험한 일이고 몇 가지 이미지가 그 나라의 전부를 말해주는 것도 아니다. 그러나 외국인에게 비쳐진 우리의 인상이 어떤 것인지 좀 생각해 볼 필요는 있다. 그건 거울에 비친 우리 자신의 얼굴과 같으며, 우리의 얼굴을 아름답게 가꾸는 것은 우리의 책임이기 때문이다.

IV: COMPREHENSION QUESTIONS
이해 확인

4-1) 다음의 문장이 본문의 내용과 맞으면 '맞음,' 틀리면 '틀림'을 쓰세요.

If the following statement is true, write T; if false, write F.

1. 한국인의 인상은 한국에 사는 한국사람들이나 외국에 사는 한국사람들이나 어디에서나 다 똑같다. (   )

2. 한 나라의 인상은 그 나라 국민에 대한 인상과 크게 다르지 않다. (   )

3. 한국전쟁은 1950년에 있었는데 이 전쟁으로 한국은 가난에 시달렸다. (   )

4. 한국의 눈부신 경제발전은 서울을 흐르고 있는 강이름을 따서 "한강의 기적"이라 부른다. (   )

5. 세계인들이 한국을 보는 눈은 올림픽 경기 개최와 그 경기에서의 좋은 성적때문에 달라졌다. (   )

6. 세계 시장에서 가장 잘 알려진 한국회사는 삼성, 현대, 엘지 등이다. (   )

7. 한국동포는 미국 이민그룹 중에서 그리 성공한 편에 들지 못한다. (   )

8. 한국사람들에 대한 긍정적인 인상이 바뀌기 시작한 것은 해외여행이 늘어나고 유학이 자유화되면서부터이다. (　)

9. 해외여행이 자유화된 것은 한국사람들의 외국에 대한 호기심이 많아졌기 때문이다. (　)

10. 외국인들에게 보여지는 우리의 인상은 우리 얼굴과 같기 때문에 우리는 우리의 얼굴을 아름답게 가꾸기 위해서 노력해야 한다. (　)

4-2) 본문의 내용에 따라 질문에 간단히 대답하세요.
Briefly answer the following questions in writing based on the main text.

1. 한국전쟁 직후 한국의 이미지는 어떤 것이었습니까?

2. 세계에 한국이라는 이름이 널리 알려지게 된 것은 무엇때문이었습니까? 세 가지 쓰십시오.

3. 한국의 경제발전의 결과는 세계시장에서 어떻게 나타나고 있습니까?

4. 1990년대 들어와서 한국에 대한 관심이 특히 높아진 이유는 어디에 있습니까?

5. '어글리 코리안'의 예를 들어 보세요.

6. 유학생들 중에서 문제가 되고 있는 유학생들은 어떤 그룹입니까?

7. 한 유럽의 신문기사에서는 한국인에 대해 어떻게 쓰고 있습니까?

8. 동남아시아 국가에서 한국인들은 어떻게 보여지고 있습니까?

9. 미국사람들이 한국인에 대해 가지고 있는 일반적인 인상 두가지는 무엇입니까?

단어연습

5-1) 보기에서 적당한 단어를 골라 빈 칸을 채우세요.

Fill in the blanks with the appropriate word from the examples.

··

가난	소수민족	관광객	유학
핵문제	책임	신문기사	국민

1. 외국에 이민해서 살고 있는 한국동포들도 열심히 일해서_____ 중에서 가장 성공한 그룹의 하나로 평가받고 있다.

2. 1980년대 후반에 해외여행이 자유화되고 _____이/가 붐을 이루면서 한국에 대한 긍정적인 인상이 바뀌기 시작했다.

3. 한국_____이/가 특히 많은 동남아시아 국가에서 한국은 "빨리 빨리 국민'으로 통한다고 한다.

4. 수년 전에 유럽의 한_____은/는 <한국인과의 비지니스 안내서>에서 "한국인은 외모와 직위를 중요시하고 감정적이다."라고 쓰고 있다고 한다.

5. 미국사람들은 한국하면 북한_____와/과 LPGA 골퍼를 떠올린다.

6. 우리의 얼굴을 아름답게 가꾸는 것은 우리의 _____이다.

7. 한 나라나_____을/를 "전형화"시켜서 편견을 갖고 대하는 것은 위험한 일이다.

8. 1950년 한국전쟁 후 한국은 전쟁의 상처와 _____(으)로 고생했다.

5-2) 밑줄 친 단어나 표현과 뜻이 가장 비슷한 것을 고르세요.

Choose the word or expression closest in meaning to the underlined word or expression.

1. 세계인들에게 <u>비쳐진</u> 한국과 한국인의 모습은 어떤 것일까?
   ㄱ. 보인   ㄴ. 느껴진
   ㄷ. 다듬어진   ㄹ. 알려진

2. 한국을 <u>방문하는</u> 외국인들은 한국사람들에게서 어떤 인상을 받을까?
   ㄱ. 알고 싶은   ㄴ. 떠나는
   ㄷ. 모르는   ㄹ. 찾아 오는

3. 한국전쟁 후 한국은 전쟁의 상처와 가난으로 <u>고생했다.</u>
   ㄱ. 바쁘게 살았다
   ㄴ. 힘든 시간을 보냈다
   ㄷ. 싸웠다
   ㄹ. 피곤했다

4. 한국은 짧은 시간 동안 <u>눈부신</u> 경제발전으로 세계인들을 놀라게 했다.
    - ㄱ. 놀라운
    - ㄴ. 유명한
    - ㄷ. 예상된
    - ㄹ. 이상한

5. 한국동포들은 미국에서 가장 성공한 이민그룹의 하나로 <u>평가되고</u> 있다.
    - ㄱ. 사랑받고
    - ㄴ. 인정받고
    - ㄷ. 미움받고
    - ㄹ. 시험되고

6. 최근 외국인들의 한국에 대한 인상이 <u>긍정적인</u> 것만은 아니다.
    - ㄱ. 아주 나쁜
    - ㄴ. 형편없는
    - ㄷ. 좋은
    - ㄹ. 그저 그런

7. 해외여행과 <u>유학이 자유화되어서</u> 외국에 나가는 사람들이 갑자기 늘어났다.
    - ㄱ. 유학을 자주 하게 되어서
    - ㄴ. 유학이 문제가 많아져서
    - ㄷ. 유학이 더 어려워져서
    - ㄹ. 유학을 마음대로 할 수 있게 되어서

8. 어떤 학생들은 외국생활의 어려움을 <u>의겨내지</u> 못해 문제를 일으키기도 한다.
    - ㄱ. 받아들이지
    - ㄴ. 참아내지
    - ㄷ. 알지
    - ㄹ. 이해하지

9. 한국사람들은 세계에서 가장 <u>부지런한</u> 사람들로 알려져 있다.
    - ㄱ. 마음이 착한
    - ㄴ. 게으른
    - ㄷ. 조용한
    - ㄹ. 열심히 일하는

10. 우리의 얼굴을 아름답게 <u>가꾸는</u> 것은 우리의 책임이다.
    ㄱ. 보여주는
    ㄴ. 꾸미는
    ㄷ. 고치는
    ㄹ. 바꾸는

5-3) 아래에 설명된 뜻을 가진 단어를 본문에서 찾아 쓰세요.

Write the word from the main text that has the following definition.

1. 자기가 사는 나라 밖으로 여행하는 것:
   _____

2. 아주 일어나기 힘든 일: _____

3. 공공장소에서 꼭 지켜야 하는 예의나 에티켓:
   _____

4. 자신의 모국을 떠나 다른 나라에 이민가서 사는 사람들: _____

5. 한쪽으로 치우친 생각: _____

6. 사람이나 물건을 보고 받는 느낌: _____

5-4) 맞는 것끼리 연결하세요.

Connect the related words.

1. 공중도덕을   ㄱ. 알려지다
2. 어려움을   ㄴ. 지키다
3. 얼굴을   ㄷ. 가꾸다
4. 올림픽을   ㄹ. 이겨내다
5. 이름이   ㅁ. 개최하다

VI. QUESTIONS FOR DISCUSSION AND COMPOSITION
토론과 작문 질문

---

1. 한 나라나 그 나라 국민에 대해 우리가 갖는 인상은 어떻게, 무엇을 바탕으로 생깁니까?

2. 한국에 사는 한국사람들에 대한 인상은 어떤 것입니까? 미디어(대중매체/언론)에 비쳐진 인상과 친구나 주위사람들에게서 들은 애기들을 생각해 봅시다.

3. 미국이나 일본, 독일 등 해외에 사는 한국동포들에 대해 그 나라 사람들은 어떤 인상을 갖고 있습니까? 여러분이 살고 있는 나라를 중심으로 생각해 보세요.

4. 한국여행자들이 해외여행을 하면서 심은 한국의 인상은 어떤 것입니까?

5. 여러분은 한국과 한국인에 대해 어떤 인상을 갖고 있습니까? 긍정적인 이미지와 부정적인 이미지의 리스트(목록)를 만들고 그런 인상을 갖게 된 근거 (source)는 어디에 있는지 설명해 보십시오.

VII: RELATED TASK
관련과제

---

1. 한국과 한국인의 이미지에 관해 쓰여진 미국의 신문기사나 잡지기사를 하나 찾아서 읽고 내용을 한국말로 간단히 요약(summarize)해 보세요. 그런 후 그 기사를 분석하고(analyze) 평가한(evaluate) 다음 그 기사에 대한 여러분의 의견을 써 보세요.

2. '한국'하면 제일 먼저 떠오르는 것이 무엇인지 여러분 주위 사람들을 적어도 10명 정도 인터뷰해 보세요. 그런 다음 그 인터뷰 내용을 바탕으로 한국에 대한 인상이 긍정적인지 부정적인지 평가해 보세요.

세계인(世界人)	people of the world
비치다	to be reflected
모습	look
떠올리다	to bring to mind
방문(訪問)하다	to visit
인상(印象)	impression
동포(同胞)	overseas Koreans
국민(國民)	people (of a nation)
해외(海外)	overseas
심다	to plant
한국전쟁(韓國戰爭)	Korean War
상처(傷處)	scar
가난	poverty
고생(苦生)하다	to suffer
기적(奇蹟)	miracle
눈부시다	to be brilliant, dazzling, (achievement, performance, etc.)
경제성장(經濟成長)	economic growth
개최(開催)	hosting an event
널리	widely
개발도상국 (開發途上國)	developing country
국한(局限)되다	to be limited
대중문화(大衆文化)	pop culture
이민(移民)하다	to immigrate

소수민족(少數民族)	minority group
평가(評價)되다	to be assessed
긍정적(肯定的)이다	to be positive, affirmative
후반(後半)	second half
자유화(自由化)되다	to become liberalized
곳곳	everywhere
공중도덕(公衆道德)	public etiquette
부끄럽다	to be shameful
현상(現象)	phenomenon
터져나오다	to burst out
관광객(觀光客)	tourist
반면(反面)에	on the other hand
일부(一部)	part
도피유학(逃避留學)	studying abroad as a way of 'escaping'
조기유학(早期留學)	studying abroad at an early age
안내서(案內書)	guide (book)
직위(職位)	status
중요시(重要視)하다	to be seen as important, significant
감정적(感情的)이다	to be emotional
핵문제(核問題)	nuclear issues
전형화(典型化)시키다	to stereotype
편견(偏見)	prejudice
거울	mirror
가꾸다	to cultivate, maintain, adorn
언론(言論)	the press, media
목록(目錄)	a list, the index (of a book)

세계화와 외국어 학습

GLOBALIZATION, KOREA, AND LEARNING FOREIGN LANGUAGES

Unit Focus: 국제화, 세계화와 외국어 교육의 관계, 그리고 한국에서의 영어교육의 실상을 알아본다.

I: BACKGROUND INFORMATION
도입

Assuming that you are reading this because you are learning Korean, you must have asked yourself, "Why am I learning Korean?" Different people will have different answers to this question. Among the many possible answers, this thought can be found: almost every economic forecaster agrees that the Pacific Rim nations will play a central role in the world's future. More specifically, Korea (along with China and Japan) hopes to become a world powerhouse in the 21st century. In learning Korean, you may be able to participate in this process.

세계화 바람은 외국어 교육 붐을 일으켰다. 학원 대기실에서 학생들이 전단지를 보고 있다.

1. 세계화, 국제화의 개념에 대해 생각해 봅시다. 무엇이 세계화, 국제화일까요?

2. 한국에서 세계화, 국제화가 강조되기 시작한 역사적 배경에 대해 들어 보았습니까?

3. 세계화, 국제화를 하는 방법은 무엇입니까?

4. 세계화, 국제화와 외국어 학습은 어떤 관계가 있을까요?

III: MAIN TEXT
본문

Core Vocabulary (핵심단어): 국제화, 세계화, 외국어, 영어, 실력, 학습, 다문화, 다언어

1990년대에 한국사람들이 가장 많이 듣고 가장 많이 말한 단어는 아마 '국제화,' '세계화'일 것이다. 김영삼 대통령이 '국제화,' '세계화'를 강조한 후 모든 분야에서 '국제화,' '세계화'의 바람이 불기 시작했다. 그런데 무엇을 어떻게 하는 것이 '국제화,' '세계화'를 하는 것인가? 왜 '국제화,' '세계화'를 해야 하는가? '국제화,' '세계화'를 해서 달라지는 것은 무엇인가? 이런 질문에 대답하기는 쉽지 않지만 한

가지 분명한 것은 외국어의 중요성이 강조되고 있다는 사실이다.

한국사람들이 학습에 가장 많은 노력을 하고 있는 영어를 예로 들어 보자. 한 통계에 따르면 '토플' (TOEFL) 시험결과에 나타난 한국인의 영어실력은 아주 낮은 편이다. 이것은 초등학교 학생들의 산수실력이 세계에서 5등이내에 드는 것과 좋은 대조를 이룬다. 한국사람들이 전반적으로 외국어 (특히 영어) 습득에 어려움을 겪고 있는 원인은 여러가지에서 찾을 수 있을 것이다. 무엇보다 한국과 미국의 문화차이가 크고 또 한국어와 영어가 문법, 발음, 어휘 등 여러 면에서 언어학적으로 크게 다르기 때문이다. 게다가 많은 학자나 교육자들은 말하기가 아닌 문법중심의 외국어 교육방법이 문제라고 주장한다. 또 어떤 학자는 '모범생 콤플렉스' 때문이라는 주장을 하기도 한다 (2006년 5월 2일 쿠키뉴스). 실수할 경우 열등생으로 보일까봐 두려워서 '입을 열지 못 한다'는 것이다. 그래서 10년이상씩 영어를 배우고도 실제 영어로 대화를 해야 할 때가 되면 당황하는 경우가 많다.

실제로 보통의 한국사람들이 영어학습에 투자하는 시간과 돈은 엄청나다고 할 수 있다. 한국사회에서 영어실력은 대학입학, 취직, 승진 등 모든 경우에 상당한 영향을 미치기 때문이다. 한 조사는, 한국인이 평균적으로 영어에 투자하는 시간은 10년간 약 1만 5548시간이며 투자비용은 2000여만원이라고 보도했다 (조선일보 2006년 5월 18일). 많은 학습자들이 학교에서 받는 영어수업 뿐만 아니라 영어학원을 다니거나 과외를 통해 영어실력을 향상시키기 위해 노력하고 있다.

한국 학생들이 영어를 배우기 시작한 것은 오래전부터지만 이 '국제화,' '세계화'의 바람과 함께 외국어에 대한 관심은 훨씬 더 높아졌다. 학원은 영어를 배우려는 학생들로 만원이고 서점에는 외국어 학습에 대한 책이 홍수를 이루어 좋은 책을 고르기가 힘들 정도이다. 더 큰 변화는, 그전까지는 중학교때부터 가르치기 시작하던 영어를 1997년부터는 초등학교 3학년때부터 가르치기 시작한 것이다.

그런데 이것은 한국만의 현상은 아닌 것 같다. 미국에서도 많은 대학들이 다양한 외국어 과목을 개설하고 있고 외국어 수업을 듣는 학생수도 계속 늘어나고 있다. 다문화, 다언어 현상은 이제 세계적인 현상이 된 듯하다. 교통과 통신의 발달로 세계가 하나가 된 지금 외국어의 중요성은 더 강조할 필요가 없어진 것이다. 외국어를 배우는 것은 그 나라의 문화와 풍습을 배우는 것이고 그 나라 사람들을 이해하는 지름길이 된다.

그러면 외국어를 잘 배우려면 어떻게 해야 하는가? 이 물음에 대해 많은 외국어 교육자들의 주장을 종합해 보면 다음과 같은 요약을 할 수 있겠다. 첫째, 강한 동기가 필요하다. 외국어 학습은 오랜 시간동안 꾸준한 노력을 요구하기 때문에 강한 동기가 없으면 힘들때 포기하기 쉽다. 둘째, 배우는 외국어와 그 나라의 문화에 대해 특별한 관심과 흥미, 그리고 긍정적인 자세를 가져야 한다. 관심과 흥미, 긍정적인 자세를 가진 학습자가 그렇지 않은 학습자보다 학습효과가 높을 거라는 예상은 누구나 할 수 있다. 셋째,

목표가 분명해야 한다. 그 외국어를 왜 배우는지, 배워서 무엇을 하고 싶은지에 대한 목표가 없다면 잘 배우기가 어려울 것이다. 어쨌든, 외국어는 컴퓨터 기술과 함께 21세기를 살아갈 모든 사람에게 꼭 필요한 능력의 하나가 될 것이다.

IV: COMPREHENSION QUESTIONS
이해 확인

4-1) 다음의 문장이 본문의 내용과 맞으면 '맞음,' 틀리면 '틀림'을 쓰세요.

If the following statement is true, write T; if false, write F.

....

1. 세계화, 국제화라는 말은 1980년대부터 유행하기 시작했다. (   )

2. 국제화를 하는 한 가지 방법은 외국어에 관심을 갖고 배우는 것이다. (   )

3. "토플"시험 성적을 보면 한국사람들은 산수 실력은 좋은데 영어실력은 그리 좋은 편이 못 된다. (   )

4. 한국사람들이 영어를 잘 하지 못하는 이유는 외국여행을 많이 하지 않기 때문이다. (   )

5. 한국에서 영어교육의 가장 큰 변화는 1997년부터 초등학교 3학년 때부터 영어를 가르치기 시작한 것이다. (   )

6. 한국에서 외국어는 학교에서만 배울 수 있다. ( )

7. 외국어를 배우면 그 나라의 문화와 풍습을 쉽게 이해할 수 있다. ( )

8. 컴퓨터를 배우는 것이 외국어를 배우는 것보다 더 중요하다. ( )

9. 외국어는 짧은 시간에도 잘 배울 수 있다. ( )

10. 외국어 학습에 중요한 세 가지는 동기, 흥미, 목표다. ( )

4-2) 본문의 내용에 따라 다음 질문에 간단히 대답하세요.

Briefly answer the following questions in writing based on the main text.

1. 국제화, 세계화의 바람과 함께 강조되기 시작한 것은 무엇입니까?

2. 한국사람들이 특히 영어 습득에 어려움을 겪고 있는 원인은 무엇입니까? 세 가지 쓰십시오.

3. 한국사회에서 영어실력이 영향을 미치는 경우는 언제입니까?

4. 한국사람들은 주로 어디서 영어를 배웁니까?

5. 국제화, 세계화의 영향때문에 한국의 영어교육 에 일어난 가장 큰 변화는 무엇입니까?

6. 외국어를 배우면 어떤 좋은 점이 있습니까?

7. 외국어를 잘 배우기 위해서는 무엇이 필요합니 까?

5-1) 보기에서 적당한 단어를 골라 빈 칸을 채우세요.
Fill in the blanks with the appropriate word from the examples.

....

주장하다	강조하다	요약되다	분명하다
당황하다	이해하다	종합하다	포기하다

1. 많은 한국의 언어교육자들은 문법중심의 외국어 교육이 제일 큰 문제라고 _____.

2. 요즘 같은 국제화 시대에 외국어 교육의 중요성은 아무리_____ 지나치지 않다.

3. 외국어 학습에 중요한 영향을 미치는 요인들은 동기, 흥미, 목표로 간단히_____ 수 있다.

4. 그 나라 말을 모르면 그 나라 사람을 만났을 때_____게 된다.

5. 어떤 일을 하든지_____ 목표가 없으면 목표를 이루기가 어렵다.

6. 외국어를 배우는 것은 그 나라의 문화와 풍습을 배우는 것이고 그 나라 사람들을_____은/는 지름길이 된다.

7. 어떻게 외국어를 잘 할 수 있는가에 대한 외국어 교육자들의 주장을_____(으)면 다음과 같다.

8. 외국어 학습은 오랜 시간동안 꾸준한 노력을 요구하기 때문에 강한 동기가 없으면 힘들때 _____기 쉽다.

5-2) 밑줄 친 단어나 표현과 뜻이 가장 비슷한 것을 고르세요.

Choose the word or expression closest in meaning to the underlined word or expression.

1. 1990년대에 한국에서는 국제화, <u>세계화의 바람이 불기 시작했다.</u>
   ㄱ. 세계화가 막 시작되었다
   ㄴ. 세계화의 경향이 강해졌다
   ㄷ. 세계화의 분위기가 성숙했다
   ㄹ. 세계화를 거의 끝냈다

2. 한국사람들의 영어실력과 산수실력은 <u>좋은 대조를 이룬다.</u>
   ㄱ. 비슷하다
   ㄴ. 비교하기 어렵다
   ㄷ. 거의 똑 같다
   ㄹ. 아주 다르다

3. 서점에는 외국어 학습에 대한 책이 <u>홍수를 이루고 있다.</u>
   ㄱ. 별로 없다
   ㄴ. 좀 있다
   ㄷ. 넘쳐나고 있다
   ㄹ. 비에 젖어 있다

4. 외국어를 배우는 것은 그 나라 사람들을 이해하는 지름길이 된다.
   ㄱ. 미끄러운 길이
   ㄴ. 빠른 길이
   ㄷ. 돌아가는 길이
   ㄹ. 좋은 길이

5. 몇년 전부터 사람들의 외국어에 대한 관심이 훨씬 높아졌다.
   ㄱ. 약간 늘어났다
   ㄴ. 거의 없어졌다
   ㄷ. 아주 많아졌다
   ㄹ. 옛날과 큰 차이가 없다

6. 학원은 외국어를 배우려는 사람들로 만원이다.
   ㄱ. 일찍 문을 연다
   ㄴ. 꽉 찬다
   ㄷ. 텅 빈다
   ㄹ. 돈을 많이 번다

7. 외국어의 중요성은 더 강조할 필요가 없다.
   ㄱ. 더 강조해야 한다
   ㄴ. 강조하든 안 하든 상관없다
   ㄷ. 강조하지 않아야 한다
   ㄹ. 강조하면 더 좋다

8. 외국어는 꾸준히 노력해야 잘 배울 수 있다.
   ㄱ. 빨리 빨리
   ㄴ. 쉬지 않고 계속
   ㄷ. 한꺼번에 많이
   ㄹ. 하고 싶을 때 열심히

5-3) 아래에 설명된 뜻을 가진 단어를 본문에서 찾아 쓰세요.

Write the word from the main text that has the following definition.

1. 편지, 전화, 이-메일 등의 연락수단: _____

2. 말의 습득과 사용에 관해 공부하는 학문:
   _____

3. 자기 나라 말이 아닌 다른 나라 말: _____

4. 문법, 발음과 함께 말을 배울 때 배우는 중요한 요소로 '단어'의 다른 말: _____

5. 어떤 사람의 무엇에 대한 능력, 예를 들면 한국어 _____, 컴퓨터 _____, 등

6. 돈을 받고 특정 기술을 가르치는 곳, 예를 들면 요리_____, 운전_____, 외국어_____등

7. 공부하고 배우는 것: _____

8. 학교에 들어가는 것: _____

9. 직장에서 지위가 올라가는 것: _____

10. 학교 수업 외에 따로 개인적으로 하는 공부:
    _____

5-4) 나머지 셋과 관계없는 것을 하나 고르세요.

Choose the word that is not related to the other three.

1. ㄱ. 문법　　ㄴ. 단어　　ㄷ. 발음　　ㄹ. 동기

2. ㄱ. 영어　　ㄴ. 산수　　ㄷ. 취직　　ㄹ. 컴퓨터

3. ㄱ. 현상　　ㄴ. 학습　　ㄷ. 습득　　ㄹ. 교육

4. ㄱ. 학원　　ㄴ. 종합　　ㄷ. 학교　　ㄹ. 과외

5. ㄱ. 입학　　ㄴ. 취직　　ㄷ. 승진　　ㄹ. 조사

VI: QUESTIONS FOR DISCUSSION AND COMPOSITION
토론과 작문 질문

---

1. 여러분이 생각하는 국제화, 세계화는 어떤 것입니까?

2. 외국어를 배워서 좋은 점은 무엇이라고 생각합니까?

3. 외국어 학습은 왜 어렵습니까? 외국어를 잘 배우려면 어떻게 해야 합니까?

4. 어떤 사람이 훌륭한 외국어 학습자가 될 수 있습니까?
   외국에 학습에 영향을 미치는 요인에는 어떤 것이 있을까요?

5. 여러분이 한국어를 배우는 동기와 목표는 무엇입니까?

6. 여러분은 한국어를 배우면서 어떤 어려움을 느꼈습니까? 그리고 어떻게 그어려움을 극복했습니까 (overcame)?

VII: RELATED TASK
관련과제

---

1). 여러분의 한국어 학습 경험을 'my linguistic autobiography' 에세이로 써 보세요.

2). 여러분이 생각하는 국제화, 세계화는 무엇인지 에세이(수필)를 써 보세요.

WORD LIST
어휘목록

단어(單語)	word, vocabulary
국제화(國際化)	internationalization
세계화(世界化)	globalization
강조(强調)하다	to emphasize
중요성(重要性)	significance
실력(實力)	ability
산수(算數)	mathematics
이내(以內)	within
대조(對照)	contrast
전반적(全般的)으로	on the whole
습득(習得)	acquisition

언어학적	linguistically
(言語學的)으로	
게다가	besides, in addition
문법(文法)	grammar
발음(發音)	pronunciation
어휘(語彙)	vocabulary
문법중심(文法中心)	grammar-centered
학자(學者)	scholar
교육자(敎育者)	educator
교육방법(敎育方法)	teaching method
주장(主張)하다	to assert
모범생(模範生)	exemplary student
열등생(劣等生)	inferior student
대화(對話)하다	to converse
당황(唐慌)하다	to be perplexed, panicked
학원(學院)	private institute, academy (e.g. driving school, cooking school)
학습(學習)	studying, learning
홍수(洪水)	flood
고르다	to choose
정도(程度)	degree
투자(投資)하다	to invest
입학(入學)	school admission
승진(昇進)	promotion
평균적(平均的)으로	on average
투자비용(投資費用)	investment cost
과외(課外)	private tutoring
과목(科目)	school subject
개설(開設)하다	to open, establish (a course)

다문화(多文化)	multicultural
다언어(多言語)	multilingual
교통(交通)	transportation
통신(通信)	telecommunication
발달(發達)	development
종합(綜合)하다	to synthesize
요약(要約)	summary
꾸준하다	to be steady
요구(要求)하다	to demand, require
흥미(興味)	interest
학습효과(學習效果)	effects of learning
수필(隨筆)	essay

변화하는 사회와 한국여성
CHANGING SOCIETY, CHANGING WOMEN: WOMEN IN KOREA

Unit Focus: 한국사회에서의 여성의 역할과 지위변화를 알아보고 그 변화가 여성들의 삶에 미친 영향을 생각해 본다.

I: BACKGROUND INFORMATION
도입

While gender issues and women's rights have been a topic of discussion in America for many years, these issues are just beginning to gain credence in Korea. Even as Korea modernizes and begins to share more characteristics with the Western world, the definition of gender roles and the status of women remain slow to change. Korea has a long way to go if it wishes to achieve true gender equality.

최근 한국사회에서는 여성들의 활약이 대단하다. 사진은 강력한 대통령 후보 중의 한 명인 박 근혜 전 한나라당 대표.

1. 한국사회에서 전통적인 여성의 역할은 어떤 것이었습니까?

2. 사회변화와 함께 여성의 역할은 어떻게 달라지고 있습니까?

3. <미시 제너레이션>과 <현모양처>의 뜻을 비교해 봅시다.

4. 여성들의 역할, 지위변화와 여성들의 삶의 질은 어떤 관계가 있을까요?

III: MAIN TEXT
본문

Core Vocabulary (핵심단어): 여성/남성, 지위, 역할, 여성해방운동, 차별대우, 현모양처, 결혼/이혼, 인식

여성들이 변하고 있다. 남편 시중을 들고, 아이를 키우고, 식사 준비를 하고, 청소와 빨래 등 집안일만 하던 여성들이 직업을 가지고 사회생활을 하기 시작한 것은 그리 오래된 일이 아니다. 1960년대 후반에 서양에서 시작된 "여성해방운동"의 영향과 한국의 경제발전과 더불어 한국사회에도 여성의 지위와 역할에 큰 변화가 온 것이다. 대학교에 가서 고

등교육을 받는 여성들이 늘어나고, 전에는 남성들이 거의 대부분이었던 여러 분야에서 (예, 정치와 군대) 일하는 전문직 여성도 많아졌다. 더구나 2006년에는 한국 역사상 첫 여성총리가 탄생했으며, 2007년 대통령 선거를 앞두고 박 근혜씨가 강력한 후보로 떠오르고 있어 머지않아 첫 여성대통령도 기대하고 있다. 물론 이런 변화에도 불구하고 그 숫자는 여전히 많지 않고, 대부분의 여성들은 아직도 제한된 분야에서 주로 일하고 있으며, 월급이나 승진기회등에서도 남성에 비해 차별대우를 받고 있기도 하다. 뿐만 아니라 전반적인 사회의 인식이나 남성들이 여성들을 보는 눈도 크게 달라졌다고 보기는 어렵지만, 그럼에도 불구하고 옛날에는 상상하지 못한 변화가 일어나고 있는 것이다.

이런 변화는 90년대의 여성을 부르는 "미시 제너레이션"이라는 새로운 단어에서 잘 나타나고 있다. "미시 제너레이션"(Missy generation)이란 교육받은 20대 후반이나 30대 초반의 결혼한 여성들로 90년대 여성들에게 일어난 변화를 대변하는 그룹이다. 이 말은 요즘 젊은층을 부르는 '엑스 제너레이션'(X generation) 또는 '앤 제너레이션'(N generation)과 함께 한국사회 변화의 한 모습을 보여 준다. 몇년 전 한국에서 인기가 있었던 "엄마에게 애인이 생겼어요" 라는 영화 또한 변하는 한국여성의 모습을 잘 그리고 있는 한 예라고 볼 수 있다. 유교사상에 바탕을 둔 전통적인 한국여성의 모습을 기억하고 있는 구세대들에게 이런 변화는 상당히 큰 변화임에 틀림없으며 "현모양처"라는 말이 요즘의 한국사회에서 어떤 특별한 의미를 갖는지는 의문이 아닐 수 없다.

여성의 역할과 지위변화와 함께 결혼에 대한 생각도 많이 변했다. 얼마전까지도 결혼은 많은 여성들에게 꼭 해야 하는 숙제 같은 것이었지만 요즘은 결혼이 필수가 아닌 선택이라고 주장하는 '독신' 여성들이 많아졌다. 또한 행복하지 않으면서도 결혼생활을 계속했던 옛날과는 달리 이혼을 선택하는 여성들의 숫자도 놀라울 정도로 많아졌다. 한 통계에 따르면 (통계청), 2001년 한국의 이혼율은 경제협력개발기구 (OECD) 국가 중 세번째로 높다. (조선일보, 2002년 3월 21일자). 미국에 비하면 여전히 낮은 편이긴 하지만 과거에 비하면 훨씬 증가한 것이고 또 계속 증가하고 있다고 한다. 가정과 일을 동시에 가진 여성들이 받는 스트레스와 어려움이 이혼증가의 중요한 원인이 되고 있는지는 분명하지 않다. 그러나 겉으로 보기에 여성의 지위가 높아졌다고 해서 여성들의 삶이 더 행복해 졌다고 말하기도 어려울 것 같다.

여성들이 결혼한 후에도 일을 계속하게 될 때 생기는 문제는 물론 한, 두 가지가 아니고 그리 간단하지도 않다. 특히 한국의 경우에는 육아시설이 미국이나 다른 선진국처럼 잘 되어 있지 않아서 많은 직장여성들이 어려움을 겪는다. 게다가 여성들이 겪는 어려움에 대한 사회의 전반적인 이해부족과 여전히 전통적이고 보수적인 남성들의 비협조도 문제다. 생각을 바꾸는 것은 제도를 바꾸는 것보다 훨씬 어렵고 시간이 걸리는 문제이기 때문이다. 일을 하면서 가정을 지킬 경우 받게 되는 스트레스 (부담) 때문에 최근 몇년 사이에는 여성들 사이에 아이를 낳지 않으려는 경향이 강해져 '저출산' 문제가 하나의 심각한 사회문제로 떠올랐다. 현재 한국여성의 출산율은 1.2 정

도로 경제협력개발기구 국가 중에서 가장 낮다고 한
다. 물론 육아의 어려움이 저출산의 유일한 이유는
아니겠지만 가장 중요한 이유인 건 사실이다. 이런
변화가 미래의 한국사회에 어떤 영향을 미칠지에 대
해서 정부 뿐만 아니라 여성과 남성 모두가 깊이 생
각하고 해결책을 찾지 않으면 안 될 것이다.

IV: COMPREHENSION QUESTIONS
이해 확인

4-1) 다음의 문장이 본문의 내용과 맞으면 '맞음,'
틀리면 '틀림'을 쓰세요.

If the following statement is true, write T; if false, write F.

1. 전통적인 한국여성의 역할은 남편시중, 아이양
   육, 집안일 등이었다. (   )

2. 서양에서 시작된 <여성해방운동>은 한국사회와
   여성의 지위변화에도 영향을 주었다. (   )

3. 여성의 지위변화와 경제발전은 별 관계가 없다.
   (   )

4. 여성의 지위변화에도 불구하고 전문직에서 일하
   는 여성들은 여전히 많지 않다. (   )

5. 여성의 지위향상과 함께 요즘은 여성들도 남성
   들과 같은 대우를 받고 있다. (   )

6. <미시 제너레이션>은 90년대의 결혼한 젊은 여
   성들을 부르는 말인데 이 말은 한국사회 변화의
   한 모습을 잘 보여준다. (   )

7. 여성의 역할과 지위변화로 생긴 또 하나의 변화는 결혼에 대한 생각이다. (   )

8. 독신여성이 늘어났기 때문에 이혼율은 과거와 크게 달라지지 않았다. (   )

9. 여성의 지위가 높아졌으니까 여성들은 더 행복해 졌다고 말할 수 있다. (   )

10. 한국 직장여성들이 겪는 제일 큰 어려움은 시댁과의 문제, 그리고 육아문제이다. (   )

4-2) 본문의 내용에 따라 다음 질문에 간단히 대답하세요.

Briefly answer the following questions in writing based on the main text.

1. 여성들의 역할과 지위변화가 보여지는 예를 두 가지 들어보세요.

2. 여성들의 지위에 큰 변화가 있었지만 그 변화가 아직도 만족스럽지 못한 (unsatisfactory) 이유는 무엇입니까?

3. 90년대 여성들에게 일어난 변화를 대변하는 '미시 제너레이션'은 어떤 사람을 말합니까?

4. 한국사회에서 전통적으로 이상적인 여성을 부르는 말은 무엇이었습니까?

5. 여성의 역할과 지위 변화와 함께 나타난 다른 중요한 변화는 무엇입니까?

6. 여성들이 결혼한 후 일과 가정을 동시에 가진 경우 겪는 가장 큰 어려움은 무엇입니까?

7. 최근 몇년 사이에 한국사회에서 심각한 사회문제로 떠오른 것은 무슨 문제입니까?

V: VOCABULARY EXERCISES
단어연습

5-1) 보기에서 적당한 단어를 골라 빈 칸을 채우세요.
Fill in the blanks with the appropriate word from the examples.

··

인식	직업	집안일	역할
대우	이혼율	제도	지위

1. 돈을 벌기 위해서는 _____을/를 가지고 일을 해야 하는데 요즘 이것을 가진 여성들이 아주 많아졌다.

2. 설거지, 청소, 빨래, 정원 가꾸기 등은 다 _____ (으)로 아직도 한국에서는 여성들이 주로 이것을 하는 집이 많다.

3. 남자와 여자는 전통적으로 사회에서나 집안에서 서로 맡은_____이/가 다르다.

4. 경제발전과 여성해방운동의 영향으로 여성의_____은/는 옛날보다 많이 높아졌다.

5. 여성문제에 대한 사회의_____을/를 바꾸는 것은 쉬운 일이 아니라서 많은 노력이 필요하다.

6. 여성들은 아직도 직장에서 남성들과 똑같은 _____을/를 받지 못하고 있는데 이 문제는 빨리 해결되어야 할 문제다.

7. 한국의_____은/는 아직은 미국보다는 낮지만 최근에 아주 급속히 증가하고 있다.

8. 생각을 바꾸는 것은_____을/를 바꾸는 것보다 더 어렵고 시간도 많이 걸린다.

5-2) 밑줄 친 단어나 표현과 뜻이 가장 비슷한 것을 고르세요.

Choose the word or expression closest in meaning to the underlined word or expression.

1. 여성들이 사회생활을 하기 시작한 것은 <u>그리 오래된 일이 아니다</u>.

   ㄱ. 아주 옛날 일이다
   ㄴ. 비교적 최근의 일이다
   ㄷ. 시간과는 관계없는 일이다
   ㄹ. 오랜 시간이 걸리는 일이다.

2. 한국의 <u>경제발전과 더불어</u> 여성의 역할과 지위에 변화가 왔다.

   ㄱ. 경제발전과는 상관없이
   ㄴ. 경제가 발전함에 따라
   ㄷ. 경제적 어려움때문에
   ㄹ. 경제발전 다음에

3. <u>이런 변화에도 불구하고</u>, 전문직 여성의 숫자는 여전히 많지 않다.

   ㄱ. 이런 변화와는 관계없이
   ㄴ. 이런 변화로 인해서
   ㄷ. 변화가 크지 않았기 때문에
   ㄹ. 이런 변화가 있었지만

4. 여성들이 결혼한 후에도 일을 계속하게 될 때 생기는 문제는 <u>그리 간단하지 않다</u>.
　　ㄱ. 해결하기 쉽다
　　ㄴ. 좀 복잡하다
　　ㄷ. 아주 아주 어렵다
　　ㄹ. 굉장히 심각하다

5. 보수적인 남성들은 집안일에 <u>비협조적이어서</u> 여성들이 더 어려움을 겪는다.
　　ㄱ. 집안일을 잘 도와주어서
　　ㄴ. 집안일에 인내심이 없어서
　　ㄷ. 집안일을 잘 도와주지 않아서
　　ㄹ. 집안일을 싫어해서

6. <u>유교사상에 바탕을 둔</u> 전통적인 한국여성의 모습을 기억하고 있는 구세대들에게 이런 변화는 받아들이기도 어려운 일이다.
　　ㄱ. 유교사상에 기초한
　　ㄴ. 유교사상을 중요하게 생각하는
　　ㄷ. 유교사상을 가르치려는
　　ㄹ. 유교사상이 최고라고 생각하는

7. "현모양처"라는 말이 요즘의 한국사회에서 어떤 특별한 의미를 갖는지는 <u>의문이 아닐 수 없다</u>.
　　ㄱ. 의문이 되어선 안 된다
　　ㄴ. 정말 의문이다
　　ㄷ. 의문을 가져야 한다
　　ㄹ. 묻지 않는 게 좋다

8. 아이를 <u>키우는 것은</u> 여성들이 하는 가장 중요한
   일 중의 하나다.
   　　ㄱ. 기르는 것은　　　　ㄴ. 지키는 것은
   　　ㄷ. 만드는 것은　　　　ㄹ. 가르치는 것은

9. 여성의 역할과 지위변화와 함께 결혼에 대한 생
   각도 <u>변했다</u>.
   　　ㄱ. 발전했다　　　　　ㄴ. 복잡해졌다
   　　ㄷ. 영향을 받았다　　　ㄹ. 달라졌다

5-3) 아래에 설명된 뜻을 가진 단어를 본문에서 찾아
쓰세요.

Write the word from the main text that has the following
definition.

1. 아이를 맡아서 돌보아 주는 곳: ＿＿＿＿＿＿

2. '현명한 엄마와 좋은 아내'라는 뜻을 가진 말로
   과거의 이상적인 여성형: ＿＿＿＿＿＿

3. 결혼하지 않고 혼자 사는 여성: ＿＿＿＿＿

4. 결혼했다가 헤어지는 부부의 비율: ＿＿＿＿＿

5. 어떤 사물이나 현상에 대해 갖는 생각이나 이해:
   ＿＿＿＿＿

6. 어떤 사람의 사회나 직장에서의 위치:
   ＿＿＿＿＿

7. 무엇을 하는 데 꼭 있어야 하는 것: ＿＿＿＿＿

8. 보통 대학교육을 부르는 말: ＿＿＿＿＿

5-4) 아래 단어의 반대말을 본문에서 찾아 쓰세요.

Write the antonyms of the following words from the main text.

....

1. 전반에 : _____

2. 신세대 : _____

3. 결과 : _____

4. 진보적인 : _____

VI: QUESTIONS FOR DISCUSSION AND COMPOSITION
토론과 작문 질문

---

1. 여성문제의 상황이 미국과 한국에서 어떻게 같고 어떻게 다른지 생각해 봅시다.

2. 여러분 가정을 예로 생각해 봅시다. 여러분 어머니는 일하는 여성입니까?
   어머니가 일하는 여성이라서 좋았던 점은 무엇이고 나빴던 점은 무엇입니까?
   어머니가 일하지 않고 집에만 있어서 좋았던 점은 무엇이고 나빴던 점은 무엇입니까?

3. 여성의 역할변화에 대한 여러분의 개인적인 생각은 어떻습니까? 현재의 변화가 바람직하다고 생각합니까? 그렇다면 왜요? 그렇지 않다면 왜요?

4. 여성문제 해결을 위해 남성이 할 수 있는 일은 어떤 것이 있을까요?
남성의 협조가 아주 필요하다는 관점에 대해 여러분은 어떻게 생각합니까?

5. 여성의 활발한 사회진출을 위해서 어떤 변화가 있어야 한다고 생각합니까?

VII: RELATED TASK
관련과제

---

1. 여러분이 결혼해서 맞벌이 부부인데 아이를 낳았습니다. 남편과 아내가 맡을 역할을 토론한 후 각자 할 일의 리스트를 만들어 보고, 원만한 (smooth, problem-free) 가정생활을 위해서 지켜야 할 규칙(rule)에 대해서도 토론해 보세요.

2. 여러분이 여러분이 살고 있는 곳의 시장후보 (mayor candidate)라고 가정(suppose)하십시오. 여성들의 표(vote)를 얻기 위해서 어떤 약속을 하겠습니까? 연설문(speech)을 한번 만들어 보세요.

여성(女性)	womankind
시중들다	to wait on, serve
사회생활(社會生活)	life in society
서양(西洋)	Western world
경제발전(經濟發展)	economic development
군대(軍隊)	army, military
여성총리(女性總理)	female prime minister
선거	election
강력하다	to be strong, powerful
후보	candidate
더구나	moreover
특정분야(特定分野)	specific area/field
제한(制限)되다	to be limited
전문직(專門職)	professional job
월급(月給)	monthly salary
승진(昇進)	promotion (at work)
차별(差別)	discrimination
대우(待偶)	treatment
인식(認識)	perception
상상(想像)하다	to imagine
대변(代辨)하다	to speak for
바탕	basis
구세대(舊世代)	old generation
현모양처(賢母良妻)	wise wife and good mother
의문(疑問)이다	to be questionable
선택(選擇)	choice, option

독신여성(獨身女性)	single woman
이혼율(離婚率)	divorce rate
경제협력개발기구 (經濟協力開發機構)	Organization for Economic Cooperation and Development
통계청(統計廳)	National Statistical Office, NSO
증가(增加)하다	to increase
육아시설(育兒施設)	childcare facilities
선진국(先進國)	developed country
직장여성(職場女性)	working woman
장애(障碍)	obstacle
전반적(全般的)인	overall
이해부족(理解不足)	lack of understanding
전통적(傳統的)이다	to be traditional
보수적(保守的)이다	to be conservative
비협조(非協調)	lack of cooperation
제도(制度)	system
떠오르다	to rise, to emerge
출산율(出産率)	birth rate
유일(唯一)하다	to be alone, sole
해결책(解決策)	solution

세대차이

GENERATION GAP

Unit Focus: 어느 사회에나 존재하는 세대차이에 대해 생각해
보고 이해를 넓힌다.

I: BACKGROUND INFORMATION
도입

It is nearly impossible to discuss parent-child or teacher-student
relationships, or the current ills of society, without running into the
phrase "generation gap." This ubiquitous term may suggest distance
and the barriers that impede communication, but as we will see, it is
difficult to completely explain the connotations of a generation gap.

학교 앞 공원의 그네에 앉아서 시간을 보내고 있는 학생들과 벤치에 앉아서 쉬고 있는
할머니.

1. '세대차이'란 무엇입니까?

2. 기성세대(구세대)와 젊은세대(신세대)는 어떤 면에서 어떻게 다릅니까?

3. 세대차이는 문화에 따라, 또는 시대에 따라 어떻게 다릅니까?

4. 우리가 요즘 흔히 듣는 'N세대'의 특성에 대해서 생각해 봅시다.

III: MAIN TEXT
본문

Core Vocabulary (핵심단어): 세대차이, 기성세대/젊은세대, 구세대/신세대, 산업사회/정보사회, 보수적/진보적

'세대차이'라는 말은 아마 우리가 주위에서 가장 자주 쉽게 듣는 말 중의 하나일 것이다. 왜냐하면 그것은 옛날부터 있어왔고 지금도 있고 앞으로도 계속 있을 것이기 때문이다. 많은 사람들이 어디서나 쉽게 세대차이를 경험한다고 말한다. 가정이나 사회에서, 부자지간이나 사제지간, 또는 선후배 사이에서도 세대차이를 느끼는 모양이다. 한때 젊은이들 사이에서 유행했던 "세대차이 느끼네" 라는 농담

이나 "요즘은 세대차이가 30년이 아니고 1년이라더라" 라는 표현은 빠르게 변화하는 사회와 그 사회를 살아가는 다른 세대들간의 대화의 어려움을 잘 말해주고 있다고 볼 수 있다.

기성세대와 젊은 세대는 각자 그들이 살아온 사회문화적 배경이나 시대적 환경이 다르다. 따라서 가치관이나 사고방식, 생활방식이 다를 수 밖에 없다. 가장 가까이 우리 부모세대와 우리 세대의 예를 들어보더라도 산업사회에서 자란 우리 부모들은 산업사회적 가치관을 갖고 있는 반면, 정보사회에서 자란 지금의 젊은 세대들은 정보사회적 가치관을 갖고 있다. 또 비교적 보수적인 환경에서 살아온 기성세대는 사회의 법과 제도를 중요하게 생각하고 그를 지키며 따르려고 한다. 다시 말해서 기성세대는 젊은 세대에 비해 정적이며 경험과 지혜를 중요하게 생각하는 경향이 강하다. 특히 한국의 기성세대는 일본의 지배, 한국전쟁, 가난 등 수많은 고통과 어려움을 겪어야 했으며 이런 어려움을 겪으면서 지혜와 인내를 배웠다. 그러면 젊은 세대는 어떤가? 젊은이들은 진보적인 생각을 갖고 있으며, 경험보다는 새로운 것을 찾고 창의적이며 모험적인 것을 좋아한다. 법과 제도 그리고 전통보다는 개성을 중요하게 생각한다. 따라서 기성세대에 비해서 동적이며 감정적이다. 젊은이들에게는 미래에 대한 꿈과 희망이 있고 그 꿈을 이루기 위해서 자주 위험을 무릅쓰기도 한다.

한편, 요즘 텔레비전이나 거리에서 흔히 볼 수 있는 '엑스세대' 또는 '엔세대' 젊은이들의 모습을 상상해 보라. 헐렁한 바지에 자기 몸보다 두배는 큰 티셔츠 (T-shirt)를 입고 휴대전화(핸드폰)로 열심히 이야기하며 걸어가는 모습을…. 그들은 컴퓨터 게임을 즐기고 헐리우드식 영화를 보며 '힙합'이나 '레개' 음악을 듣는다. 이런 젊은이들을 보면서 많은 기성세대들은 현대화, 산업화 이후 태어난 요즘 젊은이들이 고난을 모른다고 생각한다.

이렇게 기성세대와 젊은 세대는 여러가지 면에서 다르기 때문에 서로를 이해하는 데 어려움이 많다. 보통 기성세대는 젊은 세대를 버릇이 없고 깊이가 없다고 비난한다. 반면에 젊은 세대는 기성세대를 너무 보수적이며 구식이라고 비난한다. 그러나 이런 비난은 피상적인 비난일 뿐이며 보다 중요한 것은 어떻게 서로가 서로의 차이를 이해하느냐 하는 것이다. 자주 가정이나 사회문제가 되고 있는 세대차이로 인한 갈등, 이 문제를 해결하는 길은 무엇일까? 해결할 수는 있는 것일까? 서로의 차이를 보다 잘 이해할 수 있는 방법은 없을까? 마음의 문을 열고 '다름'을 받아들이는 것이 아닐까?

4-1) 다음의 문장이 본문의 내용과 맞으면 '맞음,'
틀리면 '틀림'을 쓰세요.

If the following statement is true, write T; if false, write F.

1. '세대차이'라는 말은 옛날에도 있었지만 요즘 유행하기 시작했다. (   )

2. 옛날에는 세대차이가 30년이었지만 지금은 더 짧아졌다. (   )

3. 요즘 사람들이 더 세대차이를 심하게 느끼는 이유는 경제발전 때문이다. (   )

4. 기성세대와 젊은 세대는 비슷한 시대적 환경에서 살았지만 가치관이나 생활방식은 아주 다르다. (   )

5. 한국의 기성세대는 특히 일본의 지배, 한국전쟁, 가난 등 많은 고통과 어려움을 겪었다. (   )

6. 헐렁한 바지, 휴대전화, 컴퓨터 게임등은 요즘 젊은 세대의 모습을 설명해 주는 대표적인 것들이다. (   )

7. 기성세대는 동적이고 경험을 중요하게 생각하는데 비해 젊은 세대는 정적이고 모험을 즐긴다. (   )

8. 기성세대와 젊은 세대는 나이차이 때문에 서로를 쉽게 이해하지 못한다. (   )

9. 기성세대는 보통 젊은 세대를 너무 보수적이며 버릇이 없다고 생각한다. (   )

10. 젊은 세대는 보통 기성세대를 구식이고 깊이가 없다고 비난한다. (   )

4-2) 본문의 내용에 따라 다음 질문에 간단히 대답하세요.

Briefly answer the following questions in writing based on the main text.

1. 기성세대와 젊은 세대가 세대차이를 느끼는 이유를 말해 보세요.

2. 기성세대의 특징은 본문에 어떻게 표현되어 있는지 써 보세요.

3. 젊은 세대의 특징은 본문에 어떻게 표현되어 있습니까?

4. 기성세대들은 젊은 세대에 대해 어떤 생각을 갖고 있습니까?

5. 젊은 세대들은 기성세대에 대해 어떤 생각을 갖고 있습니까?

6. 세대차이를 해결할 수 있는 한가지 방법은 무엇입니까?

V: VOCABULARY EXERCISES
단어연습

5-1) 보기에서 적당한 단어를 골라 빈 칸을 채우세요.

Fill in the blanks with the appropriate word from the examples.

대화	배경	희망
고통	갈등	환경

1. 기성세대와 젊은 세대는 각자 그들이 살아온 사회문화적 _____이/가 다르기 때문에 서로를 이해하기가 어렵다.

2. 비교적 보수적인_____에서 살아온 기성세대는 사회의 법과 제도를 중요하게 생각하고 그를 지키며 따르려고 한다.

3. 자주 가정이나 사회문제가 되고 있는 세대차이로 인한_____, 이 문제를 해결하는 길은 무엇일까?

4. 빠르게 변화하는 사회와 그 사회를 살아가는 다른 세대들은 서로_____의 어려움을 겪는다.

5. 젊은이들에게는 미래에 대한 꿈과_____이/가 있고 그 꿈을 이루기 위해서 자주 위험을 무릅쓰기도 한다.

6. 특히 한국의 기성세대는 일본의 지배, 한국전쟁, 가난 등 수많은_____와/과 어려움을 겪어야 했다.

5-2) 밑줄 친 단어나 표현과 뜻이 가장 비슷한 것을 고르세요.

Choose the word or expression closest in meaning to the underlined word or expression.

1. <u>기성세대는</u> 정적이며 경험에 따라 살려는 경향이 있다.
   - ㄱ. 구세대는
   - ㄴ. 신세대는
   - ㄷ. 젊은 세대는
   - ㄹ. 엔세대는

2. <u>젊은 세대는</u> 새로운 것을 찾고 모험을 즐긴다.
   - ㄱ. 구세대는
   - ㄴ. 신세대는
   - ㄷ. 늙은이들은
   - ㄹ. 어른들은

3. 젊은이들은 꿈을 이루기 위해서 <u>위험을 무릅쓰기도 한다</u>.
   - ㄱ. 위험을 두려워한다
   - ㄴ. 위험한 일에 관심이 많다
   - ㄷ. 위험을 두려워하지 않는다
   - ㄹ. 위험을 피한다

4. 보통 기성세대는 젊은 세대를 버릇이 없고 깊이가 없다고 <u>비난한다</u>.
   - ㄱ. 좋게 말한다
   - ㄴ. 나쁘게 말한다
   - ㄷ. 무시한다
   - ㄹ. 관심을 보이지 않는다

5. 많은 기성세대 사람들은 요즘 젊은이들이 <u>고난</u>을 모른다고 생각한다.
   - ㄱ. 고통과 어려움을
   - ㄴ. 삶의 가치를
   - ㄷ. 위험을
   - ㄹ. 슬픔과 아픔을

6. 사람들은 살아온 환경이 다르기 때문에 사고방식이나 생활방식이 <u>다를 수 밖에 없다</u>.
   - ㄱ. 달라야 한다
   - ㄴ. 다른 것이 이상하다
   - ㄷ. 다를 수도 있고 같을 수도 있다
   - ㄹ. 다른 것이 당연하다

7. 젊은 세대는 기성세대가 <u>너무 보수적이라고</u> 생각한다.
   - ㄱ. 계속 새로운 것을 찾는다고
   - ㄴ. 너무 자주 변화를 찾는다고
   - ㄷ. 옛날 것을 그대로 지키려 한다고
   - ㄹ. 변화에 무관심하다고

8. 서로를 <u>피상적으로</u> 비난하기 보다는 차이를 이해하려고 노력하는 것이 더 중요하다.
   - ㄱ. 깊이있게
   - ㄴ. 대화를 통하지 않고
   - ㄴ. 자기 생각만으로
   - ㄹ. 잘 알지 못하고 겉으로 보이는 것으로

5-3) 아래에 설명된 뜻을 가진 단어를 본문에서 찾아 쓰세요.

Write the word from the main text that has the following definition.

1. 부모와 자식 관계: _____

2. 무엇을 중요하고 가치있게 생각하느냐 하는 관점: _____

3. 위험을 무릅쓰거나 일의 결과를 걱정하지 않고 해 보는 것: _____

4. 고통이나 어려움을 참아내는 것: _____

5. 한 개인이 가지고 있는 특성: _____

6. 겪어본 일: _____

7. 사람들 사이에서 생각이나 관점의 차이때문에 생기는 문제나 어려움: _____

8. 앞일에 대한 바람: _____

5-4) 잘못 쓰인 것을 하나 고르세요.

Circle the words that are used incorrectly.

1. ㄱ. 사고방식　　　ㄴ. 생활방식
　　ㄷ. 교육방식　　　ㄹ. 경험방식

2. ㄱ. 세대사회　　　ㄴ. 산업사회
　　ㄷ. 정보사회　　　ㄹ. 현대사회

3. ㄱ. 보수적　　　　ㄴ. 감정적
　　ㄷ. 대화적　　　　ㄹ. 피상적

5-5) 아래 단어의 반대말을 본문에서 쓰세요.
Write the antonyms of the following words from the main text.

1. 절망: _____

2. 예의 바르다: _____

3. 동적: _____

4. 후배: _____

5. 칭찬하다: _____

VI: QUESTIONS FOR DISCUSSION AND COMPOSITION
토론과 작문 질문

---

1. 세대차이가 생기는 이유는 어디에 있을까요? 옛날보다 요즘 세대차이를 더 빨리, 심하게 느끼는 이유는 무엇일까요?

2. 세대차이를 해결하기 위한 구체적인 방법은 어떤 것들이 있을까요? 해결책을 이야기 한 다음 그 해결책 중에서 가장 쉽게 할 수 있는 것은 무엇인지 토론해 보세요.

3. 사회변화가 빠른 사회와 사회변화가 느린 사회를 비교할 때 사회변화가 빠른 사회에서 사는 사

람들이 더 세대차이를 많이 느낄 것 같습니다.
이 말에 여러분은 동의합니까?

4. 여러분이 경험했던, 또 경험하고 있는 세대차이의 예를 이야기해 봅시다. 누구하고 세대차이를 느꼈습니까? 왜 세대차이를 느꼈다고 생각합니까? 그 예를 행동에서 또 언어사용에서 어떻게 다른지 구체적으로 얘기해 봅시다.

5. '앤세대'인 여러분은 여러분 부모님 세대에 대해서 어떻게 생각하고 있습니까?

VII: RELATED TASK
관련과제

세대차이로 인한 갈등이 문제를 일으키는 상황과 그 갈등을 해결하고 화해하는(reconcile) 과정을 간단한 드라마로 만들어 보세요. 그리고 그 갈등의 원인이 무엇인지, 왜 그런 해결책을 찾게 되었는지 설명해 보세요.

WORD LIST
어휘목록

세대차이(世代差異)	generation gap
주위(周圍)	surrounding
경험(經驗)하다	to experience
부자지간(父子之間)	between parents and children

사제지간(師弟之間)	between teacher and student
기성세대(既成世代)	older generation
사회문화적(社會文化的)	socio-cultural
배경(背景)	background
시대적(時代的)	periodical
환경(環境)	environment
사고방식(思考方式)	way of thinking
산업사회(産業社會)	industrialized society
정보사회(情報社會)	information-based society
법(法)	law
정적(靜的)이다	to be static
지배(支配)	ruling, occupation
전쟁(戰爭)	war
인내(忍耐)	patience
진보적(進步的)이다	to be liberal
창의적(創意的)이다	to be creative
모험적(冒險的)이다	to be adventurous
동적(動的)이다	to be dynamic, active
희망(希望)	hope
꿈을 이루다	to accomplish one's dream
위험(危險)을 무릅쓰다	to take risks
헐렁하다	to be loose
고난(苦難)	hardship
구식(舊式)이다	to be old-fashioned
비난(非難)하다	to criticize
피상적(皮相的)이다	to be superficial
갈등(葛藤)	conflict
방법(方法)	method
다름	difference
받아들이다	to accept

스포츠와 한국사회
SPORTS AND KOREAN SOCIETY

Unit Focus: 한국스포츠의 현황과 스포츠의 역할, 그리고 국력 과의 관계에 대해 알아본다.

I: BACKGROUND INFORMATION
도입

There are few things that can excite a nation more than a sporting event. For instance, Korea's role as an Olympic co-host increased national pride, while the Olympics themselves brought economic and political benefits to Korea. Whether it be the uniquely Korean sports such as '*Taekwondo*' or '*Ssirum*' (traditional wrestling), or the nation's favorite sport, soccer, sports figure prominently in Korean society.

한국사람들의 축구사랑은 대단하다. 국민경기라 할 수 있는 축구경기 모습.

1. 현대사회에서 스포츠의 역할은 무엇이라고 생각합니까? 이 역할은 옛날과는 어떻게 달라졌습니까?

2. 스포츠가 사람들의 일상생활에서 차지하는 비중은 나라마다 그리고 개인마다 다를 것입니다. 한국의 대표적인 스포츠는 무엇입니까? 한국 사람들에게 스포츠는 얼마나 그리고 왜 중요할까요?

3. 스포츠와 정치의 관계에 대해서 생각해 봅시다. 스포츠와 국력은 어떤 관계가 있습니까?

III: MAIN TEXT
본문

Core Vocabulary (핵심단어): 응원, 경쟁, 상업화, 직업화, 국제경기, 개최, 강국

현대사회에서 스포츠의 역할은 상당히 크다고 할 수 있다. 부자나 가난뱅이, 많이 배운 사람이나 적게 배운 사람, 상류층이나 하류층이냐에 관계없이 모든 사람들이 사랑하고 또 그들을 하나로 만들어 줄 수 있는 것이 스포츠다. 한 동포 2세는 한국에 갔을 때 가장 인상적이었던 것이 한국이 월드컵 (World Cup)에 나가서 경기할 때 어린애들부터 할머니,

할아버지까지 모두 새벽에 일어나 텔레비전을 보면서 한국팀을 응원하는 것이었다고 한다. 사실 스포츠가 어떻게 모든 국민을 하나로 묶고 애국심을 느끼게 하는지는 한국과 일본이 공동개최한 2002년 월드컵에서 잘 보여졌다. 한국이 역사상 처음으로 4강이라는 기적같은 성적을 올릴 수 있었던 이유는 훌륭한 감독과 좋은 선수들이 열심히 노력했기 때문이기도 하지만 온 국민들이 한마음이 되어 열심히 응원한 결과이기도 하다.

'씨름'을 보면 알 수 있듯이 전통적인 한국 스포츠는 경쟁보다는 여러 사람이 모여서 즐기는 놀이의 형태를 가지고 있었다. 그러나 요즘은 한국에서도 많은 스포츠가 상업화, 프로화(직업화) 되었고, 따라서 운동선수는 많은 어린이들이 꿈꾸는 직업의 하나가 되었다. 능력있는 프로(직업)선수들은 엄청난 돈을 벌 뿐만 아니라 연예인들 못지 않은 굉장한 인기까지 얻고 있다.

사람들에게 특히 인기있는 스포츠는 시대에 따라 달랐다. 한국이 아직 가난했던 1960-1970년대에는 소위 "헝그리 스포츠"가 인기가 있었는데 그 중 대표적인 것이 권투였다. 한때 한국은 여러명의 세계 챔피언을 자랑하는 권투강국이었다. 축구 또한 오래 전부터 많은 국민들의 사랑을 받았는데 축구는 여전히 한국 국민들이 가장 좋아하는 스포츠 중의 하나다. 1982년에 프로야구가 생긴 후에는 야구팬도 많이 늘어났는데 현재 한국에는 10여개의 프로야구단이 있다. 뿐만 아니라 미국의 메이저리그나 일본 프로야구에 진출해서 성공적으로 활동하고 있는 한국 선수들도 상당히 많아졌다. 프로야구의 성공으로 인해 계속해서 프로농구, 프로축구, 프로씨름까지 생겨 대부분의 스포츠가 프로화되었다. 그런데 최근 몇 년 사이에 특히 많은 관심을 얻고 있는 스포츠는 골프다. 박 세리와 미셀 위, 김 미현을 비롯한 수많은 한국, 또는 한국출신 여성 프로골퍼들의 성공스토리는 이미 미국 미디어를 놀라게 한 지 오래다. 프로스포츠 뿐만 아니라 한국은 아시안게임이나 올림픽에서도 좋은 성적을 거둬 이제 어느 나라에 뒤지지 않는 스포츠강국의 이미지를 갖고 있다. 누구나 잘 아는 태권도는 세계적으로 유명한 한국의 스포츠인데 현재 미국 곳곳에서 한국 태권도 사범들이 미국사람들에게 태권도를 가르치고 있다. 태권도는 1996년 아틀란타 올림픽부터 올림픽 정식종목으로 채택되어 태권도의 나라 한국은 많은 금메달을 땄다.

이렇게 스포츠가 한국사회와 한국국민들의 삶의 중요한 한 부분이 된 것은 경제발전으로 대중소비가 늘어나고 레저스포츠를 즐길 경제적, 시간적 여유를 가진 중산층이 많아진 것이 한 원인이라고 할 수 있다. 또 정부에서도 스포츠의 중요성을 인식하고 지원을 아끼지 않았다. 이미 옛날 이야기가 되었지만 한국은1988년 서울 올림픽 뿐만 아니라 1986년의 아시안 게임, 2002년 월드컵 등 큰 국제경기들을 계속 개최하여 세계인들의 관심을 모았다. 국제경기를 자주 개최하는 것은 한국의 국력을 인정받는다는 의미에서 중요할 뿐 아니라 한국의 이름을 세계에 널리 알리게 되어 국제화를 하는 하나의 효과적인 방법이다. 스포츠는 어느 나라, 누구와도 통할 수 있는 세계인의 언어이기 때문이다.

4-1) 다음의 문장이 본문의 내용과 맞으면 '맞음,' 틀리면 '틀림' 을 쓰세요.

If the following statement is true, write T; if false, write F.

....

1. 스포츠는 모든 사람을 하나로 만들어 줄 수 있기 때문에 그 역할이 상당히 크다. (   )

2. 한국에서 스포츠가 많은 인기를 얻고 있지만 주로 아마추어이고 프로화된 스포츠는 많지 않다. (   )

3. 1960-1970년대 한국에서 특히 인기가 있었던 스포츠는 야구와 축구였다. (   )

4. 1980년대 초에 생긴 프로야구의 성공은 다른 스포츠가 프로화 되는 데 상당한 영향을 미쳤다. (   )

5. 한국사람들의 스포츠 사랑은 대단하지만 아직까지 올림픽에서 그렇게 좋은 성적을 얻지 못했다. (   )

6. 태권도는 가장 유명한 한국의 스포츠인데 아직 올림픽 정식종목에 포함되지 않고 있다. (   )

7. 경제발전으로 중산층이 많아진 것과 대중스포츠의 발전은 큰 관계가 없다. (   )

8. 한국은 1986년에 아시안게임, 1988년에 올림 픽, 그리고 2002년에는 일본과 함께 월드컵을 열었다. (   )

9. 정부의 지원은 한국 스포츠 발전에 큰 역할을 하 지 못했다. (   )

10. 국제경기를 자주 열게 되면 돈도 많이 들고 준비 도 많이 해야 하니까 효과적인 국제화의 방법이 되지 못한다. (   )

4-2) 본문의 내용에 따라 다음 질문에 간단히 대답하 세요.

Briefly answer the following questions in writing based on the main text.

1. 본문에서 언급된 스포츠의 가장 중요한 역할은 무엇입니까?

2. 한국이 2002년 월드컵에서 훌륭한 성적을 올릴 수 있었던 두 가지 이유를 본문에서 어떻게 설명 하고 있습니까?

3. 운동선수가 많은 어린이들이 꿈꾸는 직업 중의 하나가 된 두가지 이유는 무엇입니까?

4. 최근에 특히 큰 관심을 얻고 있는 스포츠는 무엇이며 왜 그렇습니까?

5. 세계적으로 유명한 한국의 스포츠로 올림픽에서 많은 메달을 따는 스포츠는 무엇입니까?

6. 야구, 농구, 축구, 씨름 중에서 한국에서 가장 먼저 프로화가 된 스포츠는 어느 것입니까?

7. 스포츠가 사람들 삶의 중요한 한 부분이 된 이유는 무엇입니까? 세 가지 쓰십시오.

8. 국제경기를 개최하게 될 경우 좋은 점은 무엇입니까?

5-1) 보기에서 적당한 단어를 골라 빈 칸을 채우세요.

Fill in the blanks with the appropriate word from the examples.

....

운동선수	프로화	정식종목	시대
대중소비	국력	응원	여유

1. 사람들이 즐기는 스포츠는 _____에 따라서도 달라서 1960년대, 1970년대에는 권투가 인기가 있었지만 1980년대 이후 권투의 인기는 많이 줄었다.

2. 아틀란타 올림픽부터 태권도는 올림픽 _____이/가 되어 한국은 태권도에서 많은 금메달을 땄다.

3. 국제경기를 자주 개최하는 것은 한국의 _____을/를 인정받는 것이기 때문에 중요하다.

4. 요즘에는 많은 스포츠가 _____ 되어서 돈을 많이 버는 운동선수들이 많아졌다.

5. 한국이 월드컵에서 4강이라는 좋은 성적을 거둔 이유 중의 하나는 국민이 모두 하나가 되어 열심히 _____했기 때문이다.

6. 경제가 발전하면 사람들이 돈을 많이 쓰니까 _____이/가 늘어나서 스포츠를 즐기는 사람들의 수도 늘어나게 된다.

7. 요즘은 한국에서도 많은 스포츠가 상업화, 프로화 되었고 _____은/는 많은 어린이들의 꿈꾸는 직업의 하나가 되었다.

8. 시간적인 그리고 경제적인 _____이/가 생기면서 사람들은 스포츠나 연예에 관심을 가지게 되었다.

5-2) 밑줄 친 단어나 표현과 뜻이 가장 비슷한 것을 고르세요.

Choose the word or expression closest in meaning to the underlined word or expression.

1. 2002년 월드컵에서 한국은 역사상 처음으로 4강이라는 <u>기적 같은 성적을 올렸다.</u>
   ㄱ. 아주 얻기 어려운 좋은 결과를 얻었다
   ㄴ. 기대한 성적을 얻었다
   ㄷ. 어느 정도 만족스러운 결과를 얻었다
   ㄹ. 얻기 어렵지 않은 성적을 얻었다

2. 능력있는 프로선수들은 엄청난 돈을 벌 뿐만 아니라 <u>연예인들 못지 않은</u> 굉장한 인기까지 얻고 있다.
   ㄱ. 연예인보다 훨씬 많은
   ㄴ. 연예인과 큰 차이가 없는
   ㄷ. 연예인과는 비교가 안 될 정도의
   ㄹ. 연예인보다는 아무래도 못한

3. 박 세리와 미셸 위 등 수많은 한국 또는 한국출 신 여성 프로골퍼들의 성공스토리는 <u>이미 미국 미디어를 놀라게 한 지 오래다.</u>
   ㄱ. 오래 전부터 미국 미디어의 관심을 받고 있다
   ㄴ. 얼마전부터 미국 미디어가 관심을 갖기 시 작했다
   ㄷ. 미국 미디어는 놀랐지만 큰 관심을 보이지 않고 있다
   ㄹ. 미디어의 관심과는 관계가 없다

4. 한국은 아시안 게임이나 올림픽에서도 좋은 성 적을 거두어 이제 <u>어느 나라에 뒤지지 않는</u> 스포 츠 강국의 이미지를 갖고 있다.
   ㄱ. 세계에서 가장 뛰어난
   ㄴ. 다른 나라보다 앞서는
   ㄷ. 다른 나라와는 비교할 수 없는
   ㄹ. 다른 나라보다 못하지 않는

5. 정부에서도 스포츠의 중요성을 인식하고 <u>지원을 아끼지 않았다.</u>
   ㄱ. 지원을 하려고 했지만 어려움이 있었다
   ㄴ. 지원을 하고 싶었지만 하지 않았다
   ㄷ. 적극적으로 지원했다
   ㄹ. 지원을 하기 위한 방법을 찾았다

5-3) 아래에 설명된 뜻을 가진 단어를 본문에서 찾아 쓰세요.

Write the word from the main text that has the following definition.

....

1. 돈이 없는 사람: _____

2. 자신의 나라를 사랑하는 마음: _____

3. 배우, 가수, 탤런트, 코메디언 등을 통틀어 부르는 직업: _____

4. 한 나라가 가지고 있는 힘: _____

5. 스포츠 경기나 회의를 여는 것: _____

6. 남는 것. 마음의 _____, 시간적 _____, 경제적_____ 등으로 쓰임: _____

7. 다른 사람을 이기거나 앞서기 위해 다툼: _____

8. 스포츠에서 힘이나 실력을 겨루는 것. 시합의 다른 말: _____

5-4) '적' '화' 의 쓰임이 다른 것을 하나 고르세요.

Choose the word form in which the usage of '적' or '화' is different.

....

1. ㄱ. 기적   ㄴ. 전통적   ㄷ. 대표적   ㄹ. 인상적

2. ㄱ. 국제화   ㄴ. 운동화   ㄷ. 상업화   ㄹ. 프로화

5-5) 맞는 것끼리 연결하세요.

Connect the related words.

1. 성적을   ㄱ. 진출하다

2. 메달을   ㄴ. 개최하다

3. 경기를   ㄷ. 따다

4. 프로야구에   ㄹ. 거두다/얻다

5. 관심을   ㅁ. 모으다

VI: QUESTIONS FOR DISCUSSION AND COMPOSITION
토론과 작문 질문

---

1. 나라마다 인기있는 스포츠가 다른 것 같습니다. 특히 미식축구는 미국 사람들에게는 아주 인기가 있지만 한국사람들은 거의 관심이 없습니다. 또 축구는 유럽이나 한국에서 인기가 높지만 미국에서는 큰 관심이 없습니다. 이렇게 나라마다 인기있는 스포츠가 다른 이유는 무엇일까요? 스포츠에 문화적 차이가 있다면 어떤 것일까요?

2. 국제경기를 개최하게 될 경우의 장점과 단점을 토론해 봅시다.

3. 한국사람들이 신체적 핸디캡(handicap)에도 불구하고 특히 골프에서 뛰어난 성적을 보이고 있는 이유는 어디에 있을까요?

4. 여러분은 개인적으로 스포츠를 좋아합니까? 그러면 왜 그렇습니까? 아니면 왜 그런지 얘기해 봅시다. 여러분이 특히 좋아하는 스포츠, 또 잘하는 스포츠에 대해 어떻게 그 스포츠를 좋아하게 되었는지, 얼마나 자주 하는지 등에 대해 얘기해 봅시다.

5. "스포츠는 모든 사람을 하나로 만들어 준다. 스포츠는 세계인의 언어이다." 이 말의 의미는 무엇인지 스포츠의 역할과 기능의 관점에서 토론해 봅시다.

VII: RELATED TASK
관련과제

Debate (주제: 유명 선수들의 높은 연봉은 문제 있다/없다) 유명한 운동선수들은 보통사람들이 상상할 수 없을 정도의 높은 연봉(annual income)을 받는데 이는 열심히 일하는 보통 사람들의 '사기를 저하시키는' (discourage) 원인이 되기도 합니다. 운동선수들의 이런 높은 연봉에 대해 찬성하는 편과 반대하는 편이 되어 찬반토론을 해 봅시다.

가난뱅이	pauper, the poor
상류층(上流層)	high class
하류층(下流層)	low class
인상적(印象的)이다	to be impressive
경기(競技)하다	to compete (in sports)
응원(應援)하다	to root for
묶다	to tie, connect
애국심(愛國心)	patriotism
공동개최(共同開催)	co-hosting
역사상(歷史上)	in history
4강(强)	semi-finalist
형태(形態)	a form, a shape
상업화(商業化)	commercialization
능력(能力)있다	to be able, capable
엄청난 돈	exorbitant amount of money
연예인(演藝人)	entertainer
소위(所謂) 말하는	so-called
대표적(代表的)이다	to be representative
권투(拳鬪)	boxing
프로 야구단(野球團)	professional baseball team
진출(進出)하다	to advance, to find a way (into)
성공(成功)	success
한국 출신(韓國 出身)	Korean-born
강국(强國)	strong country, country with power

태권도 사범 (跆拳道 師範)	*Taekwondo* master
정식종목(正式種目)	official entry
채택(採擇)되다	to be selected
대중소비(大衆消費)	mass consumption
여유(餘裕)	extra room (정신적, 시간적, 경제적 등)
중산층(中産層)	middle class
인식(認識)하다	to realize, perceive
지원(支援)	support
국제경기(國際競技)	international competition
국력(國力)	national power
인정(認定) 받다	to be recognized
통(通)하다	to communicate

미신을 믿는 한국사람들
KOREA'S FOLK TRADITIONS AND SUPERSTITIONS

Unit Focus: 한국사람들이 믿고 있는 미신에 대해 알아본다.

I: BACKGROUND INFORMATION
도입

It often has been said that what "the East" lacks in modernization in comparison to "the West," it makes up for in spirituality. This may or may not be the case, but superstitions and folk traditions play a central role in the history of Korea. As in all cultures, special superstitions and folk tales have their place and influences in Korea. The origins for such stories are unclear, but understanding Korean folk traditions brings a deeper insight into the culture, heritage, and values of Korea.

철학원, 또는 사주카페라 불리는 점집. 길거리에서도 볼 수 있는 천막 점집도 있다.

1. 미신이란 무엇입니까?

2. 사람들이 미신을 믿는 이유는 무엇이라고 생각합니까? 어떤 사람들이 주로 미신을 믿을까요?

3. 왜 나라마다 독특한 미신이 있습니까?

4. 미신과 과학은 어떤 관계가 있습니까?

III: MAIN TEXT
본문

Core Vocabulary (핵심단어): 미신, 과학, 굿, 무당, 점쟁이, 행운/불운, 불행

나라마다 그리고 문화마다 그들만이 가지고 있는 독특한 미신이 있다. 과학의 발달과 함께 미신을 믿는 사람들이 옛날보다는 많이 줄었다고 생각되지만 어떤 미신은 시대에 관계없이 그리고 미신을 믿는 사람들이 많고 적고에 관계없이 존재한다. 그리고 어떤 미신은 우리가 느끼지 못하는 사이에 일상생활의 한 부분이 되어 있다.

한국사람들은 대체로 서양사람들에 비해 미신을 많이 믿는 편이라고 할 수 있다. 물론 미신을 믿고 안 믿는 것은 개인의 문제이기 때문에 이런 미신들이 믿

을만한 가치가 있는지 없는지는 따질 필요가 없다. 그러나 나라마다 가지고 있는 독특한 미신을 이해하는 것은 그 나라의 민속문화를 이해하는 데 도움이 되니까 그 나라의 대표적인 미신을 알아보는 것은 의미있는 일이다.

미신을 믿는 사람들은 집안에 걱정거리나 어려운 일이 있을 때 굿을 한다. 또 집안에 환자가 생기면 병원에 가는 대신 굿을 하는 사람도 있다. 시골에 가면 울긋불긋한 옷을 입은 무당들이 춤을 추는 것을 자주 볼 수 있는데 사람들은 무당이 귀신을 쫓는다고 생각한다. 도시에서도 입학시험때나 새해가 되면 점쟁이 집은 사람들로 만원이다. 선거를 앞둔 일부 정치인들, 결혼할 나이의 여자들, 사업을 새로 시작하는 사람 등 점쟁이 집을 찾는 고객은 나이나 사회적 지위도 다양하다. 일반적으로는 도시사람들보다는 문화 수준이 낮은 시골사람들이, 남자들보다는 여자들이, 젊은 사람들보다는 나이 든 사람들이 더 미신을 믿는 경향이 있는 것으로 보이지만 확인된 사실은 아니다. 서울의 '미아리'는 점쟁이 집이 많이 모여 있는 곳으로 유명했는데 요즘은 압구정동이나 논현동도 강남의 '미아리'가 되고 있다고 한다.

그러면 한국의 대표적인 미신은 어떤 것들이 있는지 살펴보자. 한국사람들은 4자를 좋아하지 않는다. 4는 한자로 죽음(死)을 뜻하기 때문이다. 그래서 많은 한국의 건물에는 보통 4층이 없고 F층이 있다. 서양에서 13일의 금요일을 불운의 날로 생각하는 것과 비슷하다. 또 집을 지을 때나 사람이 죽어서 묻을 때도 아무 데나 하지 않고 이사를 갈 때도 '손이 없는 날'이라 하여 점쟁이가 좋다고 하는 날 간다. 밤에 휘파람을 불거나 손톱을 깎는 것, 다리를 떠는 것, 또 문지방을 밟는 것도 다 불행을 가져온다고 해서 하지 않는다. 아침에 까마귀를 보면 재수가 없다고 생각하고 까치가 울면 반가운 손님이 온다고 믿는다. 사업을 새로 시작할 때는 행운을 비는 고사를 지내는데 웃는 돼지머리를 상에 올려 놓는다. 또 입학시험이나 승진시험 등 중요한 시험을 앞두고는 미역국 같은 미끄러운 음식은 피하고 대신에 찹쌀떡, 엿 같은 끈적끈적한 음식을 먹는다. 시험에 '미끄러지지 말고 붙으라'는 뜻이다. 이가 빠지면 지붕 위에 던지고 돼지꿈을 꾸면 행운이 있을 거라 믿고 복권을 사는 사람도 있다. 또 다른 사람의 집들이에 갈 때는 성냥이나 세제 같은 선물을 사 가는데 이것은 그 집이 부자로 잘 살기를 바라는 의미이다.

　이런 미신들은 언제 만들어졌는지, 누가 만들었는지, 또 어디까지 사실인지 알 수 없다. 모든 사람들이 다 미신을 믿는 것은 아니지만 아직도 미신은 우리 생활의 일부로 여러 곳에 남아있다.

IV: COMPREHENSION QUESTIONS
이해 확인

4-1) 다음의 문장이 본문의 내용과 맞으면 '맞음,' 틀리면 '틀림'을 쓰세요.

If the following statement is true, write T; if false, write F.

....

I. 한국사람들은 대체로 미신을 많이 믿는 편이다.
　　（　　）

2. 도시사람들이 시골사람들보다 문화수준이 낮기 때문에 미신을 더 많이 믿는 경향이 있다. (　　)

3. 한 나라의 미신을 이해하면 그 나라의 민속문화를 이해하는 데 도움이 된다. (　　)

4. 미신, 점쟁이, 무당은 서로 깊은 관계가 있다. (　　)

5. 한국사람들은 나쁜 일이 있을 때만 점쟁이 집을 찾는다. (　　)

6. 일반적으로 남자보다는 여자가, 나이 든 사람보다는 젊은 사람이 더 미신을 믿는 경향이 있다고 한다. (　　)

7. 한국사람들이 4자를 좋아하지 않는 것은 4자가 한자로 죽음을 뜻하기 때문이다. (　　)

8. 미신을 믿는 사람들은 이사를 갈 때도 점쟁이를 찾아가 좋은 날자를 받는다. (　　)

9. 한국 미신에서는 까마귀와 까치 둘 다 행운을 가져 온다. (　　)

10. 미신은 모든 사람들이 믿기 때문에 우리 생활의 일부로 남아 있다. (　　)

4-2) 본문의 내용에 따라 아래의 칼럼(빈 칸)을 채우세요.

Fill in the following columns based on the main text.

행운과 관계 있는 것	불운과 관계 있는 것

5-1) 보기에서 적당한 단어를 골라 빈 칸을 채우세요.

Fill in the blanks with the appropriate word from the examples.

불운	무당	문화수준	점쟁이
굿	확인	민속신앙	행운

1. 일반적으로 도시보다는 시골의 _____이/가 낮아서 미신을 믿는 사람은 시골에 더 많다.

2. 미신을 믿는 사람들은 특별한 일이 있을 때 _____ 집을 찾아간다.

3. 서양사람들은 13일의 금요일을 _____의 날로 생각하지만 한국사람들은 4자를 _____의 숫자로 생각한다.

4. 보통, 남자보다는 여자가, 나이 든 사람이 젊은 사람보다 더 미신을 믿는 편이지만 _____된 사실은 아니다.

5-6. _____들은 울긋불긋한 옷을 입고 _____을/를 하는데 사람들은 이것이 귀신을 쫓는다고 믿었다.

7. 사업을 새로 시작할 때는 _____을/를 비는 고사를 지내는데 웃는 돼지머리를 올려 놓는다.

8. 어떤 미신은 많은 사람들이 믿기 때문에 _____이/가 된 것들도 있다.

5-2) 밑줄 친 단어나 표현과 뜻이 가장 비슷한 것을 고르세요.

Choose the word or expression closest in meaning to the underlined word or expression.

1. 나라나 문화마다 그들만이 가지고 있는 <u>독특한</u> 미신이 있다.
   - ㄱ. 특별한
   - ㄴ. 이상한
   - ㄷ. 흔한
   - ㄹ. 재미있는

2. 미신을 믿을 가치가 있는지 없는지는 꼭 <u>따질</u> 필요가 없다.
   - ㄱ. 결정할
   - ㄴ. 대답할
   - ㄷ. 밝힐
   - ㄹ. 상관할

3. 한국의 대표적인 미신은 어떤 것이 있는지 <u>살펴보자</u>.
   - ㄱ. 물어 보자
   - ㄴ. 얘기해 보자
   - ㄷ. 알아 보자
   - ㄹ. 둘러 보자

4. 한국사람들은 아침에 까마귀를 보면 <u>재수가 없다고</u> 생각한다.
   - ㄱ. 좋은 일이 생긴다고
   - ㄴ. 운이 나쁘다고
   - ㄷ. 행운이 온다고
   - ㄹ. 기분이 나쁘다고

5. 점쟁이 집을 찾는 고객은 나이나 사회적 지위등이 <u>다양하다</u>.
   - ㄱ. 다르다
   - ㄴ. 비슷하다
   - ㄷ. 똑 같다
   - ㄹ. 특별하다

5-3) 아래에 설명된 뜻을 가진 단어를 본문에서 찾아 쓰세요.

Write the word from the main text that has the following definition.

....

1. 중국글자: _____

2. 집이나 사무실을 옮기는 것: _____

3. 사람이 아주 많을 때 쓰는 표현: _____

4. 한 사람, 한 사람: _____

5. 몸이 아픈 사람: _____

6. 집을 새로 샀거나 다른 집으로 이사갔을 때 사람을 초대하는 것: _____

7. 학교에 들어가기 위해 보는 시험: _____

8. 도시의 반대말: _____

9. 한국사람들이 생일에 먹는 국: _____

5-4) 나머지 셋과 가장 관계가 먼 것을 고르세요.

Choose the word that is least related to the other three.

....

1. ㄱ. 의사   ㄴ. 환자   ㄷ. 사업   ㄹ. 병원

2. ㄱ. 굿   ㄴ. 과학   ㄷ. 무당   ㄹ. 귀신

3. ㄱ. 4   ㄴ. 죽음   ㄷ. 개인   ㄹ. 불운

4. ㄱ. 새해　　ㄴ. 설날　　ㄷ. 이사　　ㄹ. 세배

5. ㄱ. 지붕　　ㄴ. 문지방　　ㄷ. 대문　　ㄹ. 사업

5-5) 잘못 쓰인 것을 하나 고르세요.

Circle the words that are used incorrectly.

1.　ㄱ. 민속문화　　　　　ㄴ. 민속한국인
　　ㄷ. 민속음악　　　　　ㄹ. 민속놀이

2.　ㄱ. 입학시험　　　　　ㄴ. 취직시험
　　ㄷ. 숙제시험　　　　　ㄹ. 승진시험

3.　ㄱ. 문화수준　　　　　ㄴ. 나이수준
　　ㄷ. 교육수준　　　　　ㄹ. 생활수준

4.　ㄱ. 점쟁이　　　　　　ㄴ. 욕심쟁이
　　ㄷ. 중매쟁이　　　　　ㄹ. 놀이쟁이

VI: QUESTIONS FOR DISCUSSION AND COMPOSITION
토론과 작문 질문

---

1. 여러분은 미신을 믿습니까? 믿지 않습니까? 왜 그렇습니까?

2. 미신을 믿으면 여러분이 믿고 있는 미신은 어떤 미신입니까? 왜 그 미신을 믿게 되었습니까?

3. 미신을 지나치게 믿으면 어떤 문제가 생길까요?

4. 여러분 자신이 또는 여러분 가족이나 주위 사람들 중에서 굿을 하거나 점쟁이 집에 간 경험이 있다면 그 경험에 대해서 이야기해 봅시다.

5. '과학이 발달한 현대사회에서 미신을 믿는 것은 바보 짓이다.' 이 말에 대한 여러분의 의견을 말해 봅시다. 미신과 과학은 전혀 관계가 없을까요?

VII: RELATED TASK
관련과제

---

1. 본문에 나온 것 외에 한국의 미신은 어떤 것이 있는지 찾아서 리스트(목록)를 만들어 보세요. 가족이나 친구, 주위사람들에게 물어 보세요. 그리고 여러분이 알고 있는 미국의 미신은 어떤 것이 있는지 리스트를 만들어 보세요. 두 리스트를 비교해서 어떤 차이가 있는지, 그 차이가 문화의 차이를 어떻게 보여 주고 있는지 설명해 보세요.

2. 친구와 짝을 만드세요. 한 사람은 점쟁이가 되고 한 사람은 손님이 되어 역할극을 해 보세요.

독특(獨特)하다	to be unique, peculiar
미신(迷信)	superstition
과학(科學)의	scientific advancement
발달(發達)	
줄다	to decrease
–에 관계(關係) 없이	regardless of
존재(存在)하다	to exist
가치(價値)	value, worth, merit
따지다	to inquire into, distinguish
민속문화(民俗文化)	folk culture
환자(患者)	a patient
시골	countryside
굿	shaman ritual
울긋불긋하다	to be colorful
무당(巫堂)	shaman (female)
귀신(鬼神)	ghost
쫓다	to drive away, dispel
도시(都市)	city
입학시험(入學試驗)	school entrance exam
새 해	New Year
정치인	politician
사업(事業)	business
일반적(一般的)으로	generally
문화수준(文化水準)	cultural level
확인(確認)	confirmation
살펴보다	to examine, look over

한자(漢字)	Sino-Korean characters
죽음	death
불운(不運)	misfortune
묻다	to bury
이사(移徙)	moving
손	wandering evil spirit
휘파람	whistle
다리를 떨다	to shake one's legs
문(門)지방	threshold (of a door)
까마귀	crow
까치	magpie
상(床)	table
고사(告祀)를 지내다	to hold a ceremony for fortune and success, typically in business
미역국	seaweed soup
미끄럽다	to be slippery
피하다	to avoid
찹쌀떡	rice cake made of sticky rice
엿	Korean sticky candy
끈적끈적하다	to be sticky
지붕	roof
복권(福券)	lottery
집들이	house warming party
성냥	a match / matches
세제(洗劑)	detergent, cleanser
남다	to remain

한국 대중문화와 한류
KOREAN POP CULTURE AND THE "KOREAN WAVE"

Unit Focus: 2000년 이후 특히 아시아에서 큰 관심을 끌고 있는 한국대중문화의 인기와 한류 현상에 대해 알아본다.

I: BACKGROUND INFORMATION
도입

Korea's economic advancement in the past few decades has drastically changed people's lifestyles. Furthermore, the development of telecommunications and the spread of globalization has resulted in extensive cultural exchanges with other countries. Korean pop culture is heavily influenced by Hollywood and American culture, and Korea, despite vigorous debate among Koreans, has become more open to Japanese cultural influences. How can Korea preserve its traditional culture and further develop a distinct pop culture in a fast-changing world rife with global pressures?

언더그라운더 카페에서 가수의 노래에 열광하고 있는 젊은이들.

1. 대중문화에 포함되는 것들은 어떤 것들입니까?

2. 한국 대중문화의 특성은 무엇이라고 생각합니까?

3. 여러분이 알고 있는 한국 대중문화는 미국 대중문화와 어떤 면에서 같고 어떤 면에서 다릅니까?

4. 나라간의 문화의 교류와 영향에 대해 생각해 봅시다.

5. 대중문화와 전통문화의 관계에 대해 생각해 봅시다.

III: MAIN TEXT
본문

Core Vocabulary (핵심단어): 대중문화, 연예인, 인기, 교류, 한류, 문화자산

한국의 대중문화는 아주 빠르게 변하고 있다. 1960년대부터 시작되어 한 세대이상 계속된 경제성장 덕택에 한국사람들의 생활수준은 많이 높아졌다. 그리고 그들의 가치관이나 문화생활에도 엄청난 변화가 있었다. 서태지, 김건모, 보아, 비 등 신

세대 가수들의 노래를 들으면서, 이미자, 남진, 문주
란의 노래를 듣던 구세대들은 세월이 많이 흘렀고 세
상이 많이 변했다고 말한다.

　대중문화의 발전과 변화에는 무엇보다 미디어
의 역할과 영향이 크다. 텔레비전과 비디오 그리고
CD의 보급이 대중들을 연예인들과 가까워지게 했으
며, 인터넷의 빠른 보급과 대중화로 인한 수많은 팬
클럽의 활성화로 그들을 접할 수 있는 기회도 옛날
보다는 훨씬 많아지고 다양해졌다. 프로스포츠와 마
찬가지로 대중문화 또한 상업화와 깊은 관계가 있어
서 대중문화를 이끌어 가는 유명한 가수와 배우, 탤
런트, 코메디언들은 부와 인기를 얻는데다가 청소년
들의 우상이 되기도 한다. 한 가지 예로, '서태지와
아이들'이 은퇴를 발표했을 때 수많은 청소년들이 서
태지 집 앞에 몰려가서 "서태지 컴백"을 외치며 밤을
새웠다고 한다. 이런 애기는 요즘 한국에서 쉽게 들
을 수 있는 애기다. 유교사상이 뿌리깊은 한국사회
에서 과거에는 별로 대접받지 못하고 경제적 안정도
없었던 연예인들이 이제는 청소년들의 선망의 대상
이 된 것이다. 물론 모든 청소년들이 다 연예인이 되
기를 꿈꾸는 것도 아니고 모든 연예인이 다 성공하
는 것도 아니다.

　한 나라의 대중문화에 대해서 애기할 때 빼놓을
수 없는 것 하나는 다른 문화의 영향이다. 특히 나라
와 나라 사이의 교류가 많아지고 세계가 한 나라처
럼 가까워진 후부터는 미국식 헐리우드 문화가 별 비
판없이 그대로 들어와서 한국의 대중문화를 이끌기
도 했다. 거기다가 몇년 전부터는 일본의 대중문화
까지 들어와서 한국의 대중문화가 어떤 모습을 갖게

될지 걱정하는 사람들이 많았다. 미국문화와는 달리 일본문화에 대해서는 오랫동안 개방논쟁이 계속되다가 결국 받아들이기로 했다. 그러나 다행인 것은 90년대 이후 한국은 한국적 대중문화의 독특한 색깔을 갖게 되었고 한국 대중문화에 대한 아시아국가들의 높은 관심을 불러 일으켰다. "한류"라 불리는 이 한국 대중문화의 인기는 배용준, 이병헌, 이영애, 최지우, 안재욱 같은 수많은 '한류스타'를 만들어 냈을 뿐만 아니라 한국에서 만든 영화, 드라마, 음악이 그 가치를 인정받아 해외로 계속 팔려 나가고 있다. 이제는 헐리우드에서까지도 한국 영화 시나리오에 관심을 보이며 판권을 사 가려 하고 있고 어떤 한국영화는 머지않아 헐리우드에서 '리메이커' 될 예정이라고 한다. 특히 90년대 이후 높아진 한국영화의 인기는 국내에서의 관객동원 기록뿐 아니라 세계 3대 국제영화제에서 받은 관심과 수상기록에서도 잘 나타나고 있다.

이렇게 한국 대중문화가 르네상스를 맞고 있는 것은 아주 반가운 일이다. 언제까지 한국 대중문화의 인기가 계속될지는 아무도 모르지만 인기에 관계없이 우리의 문화를 만들고 지키는 것은 우리들의 책임이다. 따라서 우리는 우리 문화에 대한 자부심을 소중하게 생각하고 한국적 사고와 역사, 전통에 뿌리를 둔 한국적 대중문화를 만들고 지키기 위해 계속 노력해야 한다. 그래야만 남의 것을 따라하고 흉내내는 <껍질문화>는 사라지게 될 것이며, '한류'를 반짝했다 사라지는 일시적인 현상이 아닌 지속적인 문화자산으로 만들어 갈 수 있게 될 것이다.

4-1) 다음 문장이 본문의 내용과 맞으면 '맞음,' 틀리면 '틀림'을 쓰세요.

If the following statement is true, write T; if false, write F.

1. 한국 대중문화의 빠른 변화는 경제성장과 생활 수준에 영향을 받았다. (   )

2. 한국사람들의 생활수준이 높아진 것은 대중문화가 발전했기 때문이다. (   )

3. 미디어의 빠른 보급은 대중과 연예인들의 거리를 좁혔다. (   )

4. 대중문화는 프로 스포츠와는 달라서 상업화하고는 큰 관계가 없다. (   )

5. 연예인은 옛날이나 지금이나 변함없이 인기뿐만 아니라 경제적 안정도 있어 많은 사람들이 연예인이 되기를 원한다. (   )

6. 한 나라의 대중문화는 그 나라만의 독특한 것이기 때문에 다른 나라 문화의 영향은 별로 받지 않는다. (   )

7. 최근 한국의 대중문화는 일본문화나 미국문화와 아주 비슷하다. (   )

8. 최근에는 헐리우드에서까지도 한국영화에 관심을 보이고 있다. (   )

9. 지금 한국 대중문화가 얻고 있는 인기는 아주 대단해서 오래 지속될 것이 틀림없다. (   )

10. 한국적 대중문화를 만들려면 남의 것을 따라하기 보다는 자기 문화에 대한 자부심을 가져야 한다. (   )

4-2) 본문의 내용에 따라 다음 질문에 간단히 대답하세요.

Briefly answer the following questions in writing based on the main text.

1. 대중문화의 발전과 변화에 큰 영향을 미친 것은 무엇입니까?

2. 대중문화를 이끌어 가는 연예인들이 부를 얻는 것은 무엇과 관계가 있습니까?

3. 과거의 연예인과 지금의 연예인은 어떻게 달라졌습니까?

4. 한 나라의 대중문화에 대해서 얘기할 때 꼭 얘기해야 할 것은 무엇입니까?

5. 일본문화가 한국에 들어올 때는 어떤 문제가 있었습니까?

6. 한국적 대중문화에 대한 아시아 국가들의 높아진 관심은 무엇이라고 불립니까?

7. 90년대 이후 한국영화의 인기는 어떻게 나타나고 있습니까?

8. 한국적 대중문화를 만들고 지키기 위해서는 어떻게 해야 합니까?

5-1) 보기에서 적당한 단어를 골라 빈 칸을 채우세요.

Fill in the blanks with the appropriate word from the examples.

文化資産 (문화자산)   개방   인기
우상   교류   은퇴

1. 나라와 나라 사이의 _____이/가 많아지고 세계가 한 나라처럼 가까워진 후부터는 미국식 헐리우드 문화가 별 비판없이 그대로 들어왔다.

2. '서태지와 아이들'이 _____을/를 발표했을 때 수많은 청소년들이 서태지 집앞에 몰려가서 "서태지 컴백"을 외치며 밤을 새웠다고 한다.

3. 대중문화를 이끌어 가는 유명한 가수와 배우, 텔런트, 코메디언들은 부와 인기를 얻는데다가 청소년들의 _____이/가 되기도 한다.

4. 미국문화와는 달리 일본문화에 대해서는 오랫동안 _____논쟁이 계속되다가 결국 받아들이기로 했다.

5. 90년대 이후 높아진 한국영화의 _____은/는 국내에서의 관객동원 기록뿐 아니라 세계 3대 국제영화제에서 받은 관심과 수상기록에서도 잘 나타나고 있다.

6. '한류'를 반짝했다 사라지는 일시적인 현상이 아닌 지속적인 _____(으)로 만들어 갈 수 있도록 노력해야 한다.

5-2) 밑줄 친 단어나 표현과 뜻이 가장 비슷한 말을 고르세요.

Choose the word or expression closest in meaning to the underlined word or expression.

1. 한 세대 이상 계속된 <u>경제성장 덕택에</u> 한국사람들의 생활수준은 많이 높아졌다.
   - ㄱ. 경제적 어려움때문에
   - ㄴ. 경제발전에 힘입어
   - ㄷ. 경제관련 연구로 인해
   - ㄹ. 경제상황으로 볼 때

2. 텔레비전과 비디오, CD등의 보급으로 대중들이 연예인들을 <u>접할 수 있는</u> 기회가 많아졌다.
   - ㄱ. 멀리서 연락할 수 있는
   - ㄴ. 가까이 대할 수 있는
   - ㄷ. 찾아가서 만날 수 있는
   - ㄹ. 멀티미디어에서나 볼 수 있는

3. 한 나라의 대중문화에 대해서 이야기할 때 <u>빼놓을 수 없는 것</u> 하나는 다른 나라 문화의 영향이다.
   - ㄱ. 꼭 얘기해야 하는 것
   - ㄴ. 별 관계가 없는 것
   - ㄷ. 얘기해도 좋고 안 해도 좋은 것
   - ㄹ. 빼고 얘기해도 문제가 없는 것

4. 과거에는 별로 대접받지 못하고 경제적 안정도 없었던 연예인들이 이제는 청소년들의 <u>선망의 대상이</u> 된 것이다.
   ㄱ. 인기를 얻는 대상이
   ㄴ. 더 알고 싶은 대상이
   ㄷ. 아주 좋아하는 대상이
   ㄹ. 부러워서 닮고 싶은 대상이

5. 한국에는 미국식 헐리우드 문화가 <u>별 비판없이</u> 들어와서 한국 대중문화를 이끌어 가기도 했다.
   ㄱ. 충분한 토론을 거친 후에
   ㄴ. 좋은지 나쁜지 토론하지 않고
   ㄷ. 분명한 목적없이
   ㄹ. 정부의 허락을 받지 않고

6. 어떤 한국영화는 <u>머지않아</u> 헐리우드에서 '리메이커' 될 예정이라고 한다.
   ㄱ. 곧   ㄴ. 빨리
   ㄷ. 몇 년 후에   ㄹ. 지금

5-3) 아래에 설명된 뜻을 가진 단어를 본문에서 찾아 쓰세요.

Write the word from the main text that has the following definition.

1. 스스로를 자랑스럽게 생각하는 마음:
   _____

2. 오고 가는 것, 또는 주고 받는 것: _____

3. 텔레비전, 인터넷 등을 널리 퍼뜨리는 것:
   _____

4. 옛날부터 전해내려 오는 것: _____

5. 다른 사람이나 다른 것을 보고 따라하는 것:
   _____

6. 직업으로 하던 일을 그만 두는 것: _____

7. 사람들이 살아가는 정도, 즉 잘 살고 못 살고의
   정도: _____

8. 어른과 어린이의 중간으로 보통 '틴에이저'를 부
   르는 말: _____

5-4) 맞는 것끼리 연결하세요.

Connect the related words.

....

1. 세월이   ㄱ. 흐르다

2. 밤을   ㄴ. 내다

3. 흉내를   ㄷ. 새우다

4. 교류가   ㄹ. 높아지다

5. 수준이   ㅁ. 많아지다

5-5) 잘못 쓰인 것을 하나 고르세요.

Circle the words that are used incorrectly.

1. ㄱ. 대중문화   ㄴ. 대중교통
   ㄷ. 대중정치   ㄹ. 대중가수

2. ㄱ. 경제성장   ㄴ. 경제발전
   ㄷ. 경제영향   ㄹ. 경제정책

3. ㄱ. 개방논쟁   ㄴ. 개방정책
   ㄷ. 개방이유   ㄹ. 개방안정

4. ㄱ. 가치관   ㄴ. 역사관
   ㄷ. 교육관   ㄹ. 변화관

5. ㄱ. 상업화   ㄴ. 흉내화
   ㄷ. 현대화   ㄹ. 우상화

VI: QUESTIONS FOR DISCUSSION AND COMPOSITION
토론과 작문 질문

---

1. 미국 대중문화가 한국 대중문화에 미친 영향을 구체적인 예를 들어 설명해 봅시다.

2. 왜 일본문화가 한국에 들어오는 것에 대해 오랫동안 논쟁이 계속되었는지 이유를 생각해 봅시다.

3. 여러분은 '한류'에 대해 들어본 일이 있습니까? 있으면 알고 있는대로 얘기해 봅시다.

4. 대중문화와 상업성의 관계에 대해 토론해 봅시다.

5. 전통문화와 대중문화의 차이를 얘기해 보고 이 문화를 지키기 위해서는 어떻게 해야 하는지 방법을 토론해 봅시다.

VII: RELATED TASK
관련과제

---

1. 한국 대중문화 중에서 여러분이 가장 관심있는 한 분야(영화, 드라마, 음악 등)를 골라 관련자료를 찾아 연구한 후 수업에서 발표해 봅시다. 주제는 자유롭게 정해도 됩니다.
   (예, 가수 '비'의 월드투어, 미국에도 '한류'가 있는가? 드라마 '겨울연가'는 왜 일본을 사로잡았나?)

2. '한류'를 인터넷에서 검색(search)해 보세요. 그리고 검색결과를 요약해 보세요.

WORD LIST
어휘목록

변(變)하다	to change
생활수준(生活水準)	standard of living
세월(歲月)	time and tide, years
보급(普及)	dissemination
활성화(活性化)시키다	to invigorate
접(接)하다	to be in contact with
마찬가지로	the same as
이끌다	to lead
부(富)	wealth
우상(偶像)	an idol, icon
은퇴(隱退)	retirement
발표(發表)하다	to announce
몰려오다	to rush in, flock in
외치다	to scream
대접(待接)받다	to be treated
경제적(經濟的)	financial security, stability
안정(安定)	
선망(羨望)	envy
덕택(德擇)에	by virtue of, thanks to
성공(成功)하다	to succeed
빼놓다	to leave out
교류(交流)	exchange
비판(批判) 없이	taking without questioning
개방논쟁(開放論爭)	dispute over open access
한류(韓流)	Korean Wave
수(數)많은	numerous

판권(版權)	copyright
르네상스(부흥기)	'renaissance'
관객동원(觀客動員)	box office ticket selling
수상(受賞)하다	to receive an award
자부심(自負心)	self-pride
전통(傳統)	tradition
흉내내다	to imitate
껍질	shell / skin
사라지다	to disappear
일시적(一時的)	temporary
지속적(持續的)	continuous
문화자산(文化資産)	cultural assets

한국인과 음주
KOREANS AND DRINKING

Unit Focus: 한국사람들의 음주경향과 음주문화에 대해 알아본다.

I: BACKGROUND INFORMATION
도입

Many people are surprised when they find out that Korea ranks second among all nations in per capita alcohol consumption. The next assumption that many people make is that South Korea must also have one of the highest rates of alcoholism in the world, but this statement is untrue. What accounts for this paradox? The simple answer is tradition and custom. Drinking in Korea is regarded as a social event, and the emphasis is on drinking as a special and fun pastime.

한국사람들이 가장 즐기는 한국 술 중의 하나인 소주를 즐기고 있는 장면.

준비학습

1. 한국사람들이 특히 술을 많이 마신다고 합니다. 왜 그런지 한번 생각해 보세요.

2. 한국의 <음주문화>에 대해서 여러분이 아는대로 얘기해 봅시다.

3. 음주문화는 나라, 성(여성과 남성), 또 연령에 따라서 다르다고 볼 수 있습니다. 차이를 생각해 보세요.

4. 다른 문화에서 온 사람과 술을 마실 때 주의해야 할 점은 어떤 것이 있을까요?

III: MAIN TEXT
본문

Core Vocabulary (핵심단어): 통계, 중독자, 소비, 울타리, 폭음, 음주운전, 과음, 후유증

몇 년 전 어느 통계를 보면 세계에서 해마다 술을 가장 많이 소비하는 나라 중의 하나가 한국이라고 한다. 물론 통계숫자만 가지고 말하기도 어렵고, 이 통계가 얼마나 믿을만한 통계인지도 알 수 없고, 또 매년 통계가 바뀌기도 하겠지만 한국사람들이 술을 많이 마시고 술 마시기를 좋아하는 건 틀림없는 사실인 것 같다. 한국의 술소비가 많다고 하면

많은 사람들은 당연히 알코올 중독자도 많을 것이라고 생각한다. 그런데 재미있게도 그렇지 않다. 그러면 이런 역설적인 현상은상황은 어떻게 설명할 것인가? 전통과 관습에서 답을 찾을 수 있을 것 같다.

한국사람들에게 – 특히 남자들에게 – 술을 마시는 것은 아주 중요한 사회생활의 한 부분이다. 왜냐하면 술을 함께 마시면서 사람들은 닫힌 마음을 열고 서로를 더 가깝게 느낄 수 있게 되기 때문이다. 한국사람들은 <울타리>가 많은 사람들이라고 한다. 그런데 술을 같이 마시면 그 울타리가 사라진다는 것이다. 하루일을 다 끝내고 친구나 동료들과 어울려 '한잔 하러' 가는 것은 많은 보통 직장남성들의 작은 즐거움이다. 술잔을 앞에 놓고 정치애기도 하고, 미운 상사 흉도 보고, 일에서 오는 스트레스도 푼다. 또 비지니스는 술집에서 한다는 말도 있는 것처럼 비지니스의 마지막 "계약"은 거래처 사람들과의 술자리에서 이루어 지는 일이 많으며 그래서 '술상무'라는 직책을 따로 만드는 회사도 있다고 한다.

한국사람들이 주로 마시는 술은 전통적인 한국술인 막걸리와 소주였는데 요즘 젊은 사람들은 맥주도 많이 마신다. 또 생활수준이 높아지고 한국 어디서나 쉽게 양주를 살 수 있게 되면서 와인(포도주)이나 위스키, 보드카 같은 양주를 마시는 사람도 많이 늘어났다. 술집은 보통 대학근처나 사무실이 많은 곳, 또 영등포같은 유흥가에 주로 모여 있었으나 강남지역이 개발되면서 수많은 고급술집들이 새로 생겨났다. 술집의 부흥은 경제발전과도 관계가 깊어서 한국의 경제사정이 아주 좋았던 1980년대 후반에 특히 크고 작은 술집이 곳곳에 많이 늘어났다. 한국을 방문했던 어떤 외국인은 한국에는 술집과 식당밖에 없는 것 같더라고 한다.

문화적인 면에서 보면 한국사람들이 술을 마시는 매너(태도)는 좀 특이하다. 특히 남자들끼리 술을 마실 때 잔을 돌려가며 마시는데 이것은 서양사람들에게는 아주 이상하게 보이는 풍습이다. 개인주의 문화에서 살아온 사람들에게는 '하나됨'이나 '나눔'의 의미가 쉽게 이해되지 않을지도 모른다. 또 하나 한국사람들의 특이한 술습관은 '폭음'경향이다. 한국 사람들은 —물론 다 그런 건 아니지만— 안 마실 때는 안 마시는데 마시면 한꺼번에 많이 마시는 경향이 강하다. 그래서 2차, 3차를 가고 결국 '곤드레만드레'가 되어 새벽에나 집에 들어가고 다음 날은 후유증으로 고생을 한다. 이런 분위기는 최근에 많이 달라졌다고는 하는데 술을 조금씩 즐기며 마시는 서양사람들과는 다른 점이다.

음주는 지나치면 여러가지 문제가 생긴다. 가장 큰 문제는 '음주운전'으로 인한 사고다. 물론 한국만의 문제는 아니지만 술을 마실 때 가장 조심해야 할 점이다. 요즘은 '대리운전'이라는 새로운 서비스가 생겨서 술을 마셔야 하는 사람은 돈을 주고 대리운전을 부탁하면 되지만 그래도 해마다 음주운전자가 내는 사고로 인해 죽는 사람이 많다고 한다. 2005년의 경우, 음주운전으로 인해 죽은 사람이 모두 875명으로 전체 교통사고 사망자의 13.3%를 기록했다 (경향신문, 2005년 12월 20일). 과음으로 인한 질병도 문제다. 술을 지나치게 많이 마시는 사람은 여러가지 질병, 그 중에서도 특히 '간암'에 걸리기 쉽다고 하는데 실제로 한국사람들 중에서 간암으로 죽는 사람이 상당히 많다. 어떤 이유로 술을 마시든 술을 가장 많이 마시는 나라가 한국이라는 사실은 그리 기분 좋은 일은 아닌 것이 분명하다.

IV: COMPREHENSION QUESTIONS
이해 확인

4-1) 다음의 문장이 본문의 내용과 맞으면 '맞음,' 틀리면 '틀림'을 쓰세요.

If the following statement is true, write T; if false, write F.

1. 한국사람들은 술을 많이 마시니까 알코올 중독자도 제일 많다. (   )

2. 한국의 전통적인 술은 막걸리와 소주와 맥주다. (   )

3. 1980년대 후반에 술집이 특히 많이 늘어난 것은 경제사정이 나빠져서 사람들이 괴로워서 술을 많이 마셨기 때문이다. (   )

4. 한국사람들이 술을 마실 때 잔을 돌리는 것은 '개인주의' 문화속에서 살았기 때문이다. (   )

5. 서양사람들은 술을 조금씩 즐기며 마시는 편이지만 한국사람들은 폭음하는 경향이 있다. (   )

6. 한국 남자들에게 음주는 사회활동과 깊은 관계가 있다. (   )

7. 최근에 한국사람들이 양주를 많이 마시게 된 것은 양주 맛이 전통적인 한국 술맛보다 좋기 때문이다. ( )

8. 술을 지나치게 마실 때 일어나는 문제 중에서 가장 큰 문제는 '음주운전'으로 인해 일어나는 사고다. ( )

9. '대리운전' 서비스가 생기고 난 후 음주운전 사고는 엄청나게 줄어들었다. ( )

10. 자주 과음을 하면 간암 같은 무서운 질병에 걸리기 쉽다. ( )

4-2) 본문의 내용에 따라 다음 질문에 간단히 대답하세요.

Briefly answer the following questions in writing based on the main text.

1. 한국사람들, 특히 남자들에게 술을 마시는 것은 어떤 의미가 있습니까?

2. 한국사람들이 술을 마시는 이유는 무엇입니까?

3. 술집이 많아지는 것은 무엇과 깊은 관계가 있습
   니까?

4. 한국사람들의 술습관은 서양사람들과 어떻게 다
   릅니까? 두 가지 쓰십시오.

5. 과음으로 인해 생기는 문제는 무엇입니까? 두가
   지 쓰십시오.

5-1) 보기에서 적당한 단어를 골라 빈 칸을 채우세요.
Fill in the blanks with the appropriate word from the examples.

···

정치   경향   사정   사고   울타리   풍습

1. 보통 한국사람들은 술을 자주 마시진 않지만 마시기 시작하면 한꺼번에 많이 마시는 폭음 _____이/가 있다.

2. 한국사람들이 _____이/가 많다는 말은 다른 사람들에게 쉽게 마음을 열지 않는다는 뜻이다.

3. 경제_____이/가 나빠지면 생활이 어려워지니까 술집을 찾는 손님도 줄어든다.

4. 한국 남자들은 술자리에서 직장이나 가정애기도 하지만 나라가 어떻게 돌아가는지 _____ 애기 하기를 아주 좋아한다.

5. 한국 남자들은 술을 마실때 잔을 돌려가며 마시는데 이것은 서양사람들에게는 아주 이상하게 보이는 _____(이)다.

6. 음주는 지나치면 여러가지 문제가 생기는데 가장 큰 문제는 '음주운전'으로 인한 _____ (이)다.

5-2) 밑줄 친 단어나 표현과 뜻이 가장 비슷한 것을 고르세요.

Choose the word or expression closest in meaning to the underlined word or expression.

1. 한국사람들이 술을 많이 마시고 술 마시기를 좋아하는 건 <u>틀림없는</u> 사실인 것 같다.
   - ㄱ. 중요한
   - ㄴ. 흥미로운
   - ㄷ. 분명한
   - ㄹ. 맞지 않은

2. 한국사람들은 <울타리>가 많은 사람들이라고 하는데 술을 같이 마시면 <u>그 울타리가 사라진다</u>는 것이다.
   - ㄱ. 마음을 열고 가까워진다는
   - ㄴ. 서로의 거리가 멀어진다는
   - ㄷ. 울타리가 낮아진다는
   - ㄹ. 문제가 다 없어진다는

3. <u>술잔을 앞에 놓고</u> 정치애기도 하고, 미운 상사 흉도 보고, 일에서 오는 스트레스도 푼다.
   - ㄱ. 술에 대해 애기하면서
   - ㄴ. 술을 같이 마시면서
   - ㄷ. 술잔을 쳐다보면서
   - ㄹ. 술잔을 만지면서

4. 한국의 경제사정이 아주 좋았던 1980년대 후반에 특히 크고 작은 술집이 <u>곳곳에</u> 많이 생겨났다.
   - ㄱ. 빨리 빨리
   - ㄴ. 여기 저기
   - ㄷ. 자꾸 자꾸
   - ㄹ. 조금씩

5. 한국사람들은 특히 남자들끼리 술을 마실 때 <u>잔을 돌려가며</u> 마시는데 이것은 서양사람들에게는 아주 이상하게 보이는 풍습이다.
    ㄱ. 각자 자기 잔으로
    ㄴ. 어떤 잔이든지 상관없이
    ㄷ. 같은 잔으로
    ㄹ. 잔을 높이 들면서

6. 어떤 사람들은 술을 마시면 2차, 3차를 가고 결국 <u>곤드레만드레가 되어</u> 새벽에나 집에 들어가기도 한다.
    ㄱ. 술을 너무 좋아해서
    ㄴ. 술때문에 피곤해서
    ㄷ. 술에 취해 운전을 할 수 없어서
    ㄹ. 정신이 없을 정도로 술에 취해

5-3) 아래에 설명된 뜻을 가진 단어를 본문에서 찾아 쓰세요.

Write the word from the main text that has the following definition.

1. 무엇을 써서 없애는 것: _____

2. 무엇에 너무 깊이 빠져서 그것이 없으면 안 되는 사람: _____

3. 사람들이 즐기는 오락시설이 많이 모여 있는 곳: _____

4. 직장에서 같이 일하는 사람들: _____

5. 다른 사람의 나쁜 점을 찾아내서 비난하다:
   _____

6. 술을 한꺼번에 많이 마시는 것: _____

7. 술을 지나치게 많이 마시는 것: _____

8. 술을 마신 상태에서 운전하는 것: _____

9. 직장에서의 윗사람: _____

10. 어떤 일이 끝난 후에도 남아있는 문제:
    _____

5-4) 맞는 것끼리 연결하세요.
Connect the related words.

1. 흉을   ㄱ. 열다

2. 병에   ㄴ. 어울리다

3. 마음을   ㄷ. 보다

4. 친구들과   ㄹ. 풀다

5. 스트레스를   ㅁ. 걸리다

5-5) 잘못 쓰인 것을 하나 고르세요.

Circle the words that are used incorrectly.

1. ㄱ. 술집   ㄴ. 신발집   ㄷ. 빵집   ㄹ. 꽃집

2. ㄱ. 과식   ㄴ. 과로   ㄷ. 과음   ㄹ. 과면

3. ㄱ. 유흥가   ㄴ. 대학가   ㄷ. 문화가   ㄹ. 주택가

5-6) 나머지 셋과 가장 관계가 먼 것을 하나 고르세요.

Choose the word that is least related to the other three.

1. ㄱ. 울타리   ㄴ. 동료
   ㄷ. 직장   ㄹ. 상사

2. ㄱ. 맥주   ㄴ. 통계
   ㄷ. 양주   ㄹ. 소주

3. ㄱ. 풍습   ㄴ. 전통
   ㄷ. 관습   ㄹ. 정치

4. ㄱ. 질병   ㄴ. 곤드레만드레
   ㄷ. 후유증   ㄹ. 폭음

5-7) 다음 단어의 반대말을 본문에서 찾아 쓰세요.

Write the antonyms of the following words from the main text.

1. 생산하다: _____

2. 열리다: _____

3. 괴로움: _____

4. 없어지다: _____

5. 집단주의: _____

VI: QUESTIONS FOR DISCUSSION AND COMPOSITION
토론과 작문 질문

---

1. 음주 습관이나 경향은 나라마다 다릅니다. 한국의 음주문화와 미국의 음주문화를 비교해서 차이를 토론해 봅시다.

2. 사람들이 술을 마시는 원인은 여러가지가 있습니다. 여러분은 어떨 때 왜 술을 마십니까? 그리고 술을 마시면 도움이 됩니까?

3. 음주의 긍정적인 면은 무엇입니까? 그리고 부정적인 면은 무엇입니까?

4. 음주와 관련된 특별한 경험이 있으면 얘기해 봅시다. (예, 술 마시고 실수한 이야기, 술의 도움으로 어려움을 해결한 이야기, 등)

5. 대부분의 미국대학 캠퍼스에서 '음주'는 큰 이슈가 되고 있는데 여기에 대한 여러분의은 생각은 어떻습니까? 학교의 관점과 학생들의 관점은 어떻게 차이가 있습니까? 그리고 서로의 관점의 차이를 어떻게 좁힐 수 있습니까?

6. 모든 일에 바른 길(right way)이 있는 것처럼 술에 도 '酒道' (주도)가 있다고 합니다. 여러분이 생각하는 '주도'는 어떤 것인지 얘기해 봅시다.

VII: RELATED TASK
관련과제

상황: 여자친구 부모님 댁에 초대를 받아 갔는데 술에 취해 실수를 하게 되고 그에 따라 일어나는 여러 가지 재미있는 상황을 '스킷(토막극/촌극)'으로 만들어 보세요.

WORD LIST
어휘목록

소비(消費)하다	to consume
믿을만하다	to be reliable
당연(當然)히	naturally
중독자(中毒者)	an addict
역설(逆說)	paradox
닫히다	to be closed
울타리	fence
동료(同僚)	colleagues
__와/과 어울리다	to go well together, to get along
직장남성(職場男性)	working man
즐거움	joy
상사(上司)	boss, superior

흉보다	to find a fault (in someone)
계약(契約)	a contract
거래처 사람	business acquaintance
직책(職責)	position, title
맥주(麥酒)	beer
포도주(葡萄酒)	wine
양주(洋酒)	Western-style liquor (whisky, vodka, etc.)
유흥가(遊興街)	area with nightlife
개발(開發)되다	to be developed
고급(高級)	high quality
생겨나다	to come into existence
부흥(復興)	restoration
사정(事情)	situation, circumstance
특이(特異)하다	to be unique, unusual
면(面)	aspect
돌리다	to rotate, circulate
개인주의(個人主義)	individualism
하나되다	to become one
나눔	sharing
폭음(暴飲)	binge drinking
곤드레만드레	a drunken, tired appearance
새벽	dawn
후유증(後遺症)	aftereffect, aftermath
음주운전(飲酒運轉)	drunk driving
대리운전(代理運轉)	designated driving service
부탁(付託)하다	to ask a favor
사고(事故)	accident
조심(操心)하다	to be careful

과음(過飮)	overdrinking
간암(肝癌)	liver cancer
촌극(寸劇)(토막극)	skit

한일관계
KOREA-JAPAN RELATIONSHIP

Unit Focus: 한일관계의 역사와 한국인들이 갖고 있는 반일감정의 원인, 두 나라간의 현안을 알아본다.

I: BACKGROUND INFORMATION
도입

There is a tendency among foreigners to lump the entire East Asian region into one united group, but Korea and Japan in particular have shared a long and sometimes bitter history. These two countries, separated only by the East Sea, have engaged in frequent battles — political, military and otherwise. To some, the source of this negative sentiment may be difficult to pinpoint, yet it is certain that during conflicts between the two nations, many people in both Korea and Japan become quite patriotic, resorting to a nationalistic mindset.

서울 일본대사관 앞에서 열리는 '위안부' 문제 해결을 위한 정기수요시위 현장 모습.

1. 한국과 일본은 역사적으로 어떤 관계에 있습니까? 그 관계는 대체로 긍정적입니까? 부정적입니까? 그 이유는 무엇입니까?

2. 한일관계에 영향을 미친 요인은 무엇입니까?

3. 미래의 한일관계는 어떨 것이라고 생각합니까?

4. 한일관계가 다른 관계, 특히 한미관계, 또는 한중관계와 다르다면 어떤 면에서 그렇습니까?

III: MAIN TEXT
본문

Core Vocabulary (핵심단어): 한일관계, 식민통치, 반일감정, 한일합방, 위안부, 교과서 왜곡, 독도, 한일국교정상화

한국과 일본은 가장 가까운 나라이면서 가장 먼 나라이기도 하다. 다시 말해서 지리적으로 일본은 한국의 가장 가까운 이웃이지만 많은 한국사람들은 – 특히 일본의 식민통치를 경험한 기성세대들은 – 일본이나 일본사람들에 대해 상당히 부정적인 감정을 갖고 있다. 그리고 그 반일감정은 한국이 해방된 이후 60년이 지난 지금까지도 강하게 남아 있

다. 한국사람들이 그렇게 뿌리 깊은 반일감정을 갖게 된 이유는 여러가지로 설명할 수 있겠다.

첫째, 1910년에 일어난 '한일합방'이라 불리는 일본의 한국 강제합병이다. 이 불행한 사건으로 한국은 '2차대전'이 끝난 1945년까지 36년동안 일본의 지배를 받아야 했다. 이 기간동안 일본은 나쁜 일을 많이 했지만 그 중에서도 특히 학교에서 한국말 대신 일본말을 가르쳤으며 한국이름 대신 일본이름을 쓰게 하여 한국문화와 한국사람들의 '정체성'을 없애려 하였다. 또 한국사람들은 일본 천황에게 절을 해야 했는데 따르지 않는 사람들은 고통을 받았다.

둘째, '정신대'라고도 불리는 '위안부' 문제다. 일본은 러시아와 (러일전쟁) 그리고 중국과 (중일전쟁) 전쟁을 하면서 수많은 한국 여자들을 끌고 가서 일본 군인들의 성적노예로 만들었다. 그런데 그 여자들은 대부분이 열다섯, 열여섯의 어린 소녀들이었다. 이 '위안부' 문제는 오랫동안 한일관계의 큰 골칫거리며 걸림돌 역할을 했다. 일본정부는 이 용서받을 수 없는 죄를 짓고도 변명만 할 뿐 공식적인 사과는 말할 것도 없고 피해자 보상조차 하지 않아 이 문제는 여전히 해결되지 않은 숙제로 남아 있다.

셋째, 소위 말하는 '교과서 왜곡' 사건이다. 일본정부는 자신들의 잘못을 감추기 위해 일본학생들이 배우는 역사 교과서에서 진실을 덮어두거나 왜곡하였다. 이런 잘못된 교육의 영향으로 많은 일본학생들은 아직도 자신들의 역사를 바로 알지 못하고 있다. 또 일본은 많은 한국의 문화재를 뺏아가서 자기 것이라고 가르치며 돌려줄 생각을 않고 있다.

넷째, '독도' 문제다. 동해에 있는 작은 섬 독도는 상당히 오랜 기간동안 일본이 자기 영토라고 주장해 많은 한국사람들을 화나게 만들었는데 이 독도 문제는 잊을만 하면 다시 터져나와 두 나라 사이의 관계를 긴장시키곤 한다.

그런데 이런 여러가지 역사적 문제에도 불구하고 한국과 일본은 서로 중요한 무역상대국이었다. 1965년 '한일국교정상화' 이후 아주 최근까지 일본은 미국 다음 가는 한국의 수출상대국이고 최대의 수입상대국이기도 했다.

한국사람들의 반일감정이 언제까지 계속될지 또 완전히 없어질지는 아무도 모른다. 물론 과거는 과거로 잊어버리는 것이 좋다고 생각하는 사람들도 있고 또 요즘 젊은 세대는 직접 일본의 지배를 경험하지 않았기 때문에 그 아픔과 상처를 충분히 알지 못하는 것도 사실이다. 또한 일본정부가 자신들의 잘못을 인정하고 반성하여 진심으로 사과하게 될 날이 올지는 아무도 모른다. 정치인들이나 학자를 포함해서 많은 일본사람들이 아직도 자기들은 잘못한 것이 없으니까 사과할 필요가 없다고 생각하고 있기 때문이다. 또한 한국에서도 노무현 정부가 들어선 이래 줄곧 '친일파 청산'을 주장하며 일본과의 끈을 자르려 하고 있기 때문이다. 한일관계의 바람직한 모습이 어떤 것인지, 진정한 해결이 언제 이루어질 수 있을지는 더 두고 보아야 할 것이다.

4-1) 다음의 문장이 분문의 내용과 맞으면 '맞음,' 틀리면 '틀림'을 쓰세요.

If the following statement is true, write T; if false, write F.

1. 한국사람들의 반일감정은 해방이 되면서 거의 사라졌다. (　　)

2. 한국이 일본의 지배를 받기 시작한 것은 1910년의 〈한일합방〉 후부터이다. (　　)

3. 일본의 한국지배는 약 50년동안 계속되었다. (　　)

4. 일본의 지배동안 학교에서는 일본말을 가르쳤지만 이름은 그대로 한국이름을 쓰게 했다. (　　)

5. 일본이 전쟁에 끌고 간 위안부 중에는 어린 여자들도 있었고 결혼한 여자들도 있었다. (　　)

6. 일본 정부는 위안부 문제에 대해 진정한 사과도, 피해자 보상도 하지 않아 한일관계의 걸림돌이 되고 있다. (　　)

7. 일본의 역사 교과서는 역사적 진실을 가르치고 있다. (　　)

8. 일본과 한국은 여러가지 부정적인 역사적 문제에도 불구하고 서로 중요한 무역상대국이었다. (　　)

9. 요즘 젊은 세대는 일제시대를 직접 경험하지는 않았지만 그 아픔과 상처를 잘 알고 있다. (　　)

10. 한일관계가 앞으로 어떻게 될지는 더 많은 시간을 두고 두고 보아야 할 일이다. (　　)

4-2) 본문의 내용에 따라 다음 질문에 간단히 대답하세요.

Briefly answer the following questions in writing based on the main text.

1. 한국사람들 중에서 특히 일본에 대해 부정적인 감정을 갖고 있는 사람들은 누구입니까?

2. 한국사람들이 반일감정을 갖게 된 이유는 무엇입니까? 네 가지 쓰십시오.

3. 일본이 한국을 식민지배하는 동안 세가지 나쁜 일을 했습니다. 무엇입니까?

4. 위안부 문제가 한일관계의 걸림돌이 된 가장 큰 이유는 무엇입니까?

5. 일본 정부는 과거 자신들의 잘못을 감추기 위해서 어떻게 했습니까?

6. '독도문제'의 이슈는 무엇입니까?

7. 한국과 일본이 서로 중요한 무역상대국이 된 것은 언제부터입니까?

8. 미래의 한일관계가 어떻게 될지 알 수 없는 이유는 무엇입니까?

5-1) 보기에서 적당한 말을 골라 빈 칸을 채우세요.

Fill in the blanks with the appropriate word from the examples.

··

이웃   정체성   사건   보상

문화재   사과   식민통치   영토

1. 지리적으로 일본은 한국의 가장 가까운 _____ (이)지만 많은 한국 사람들은 일본이나 일본사람들에 대해 상당히 부정적인 감정을 갖고 있다.

2. 피해자_____문제는 여전히 해결되지 않은 숙제로 남아 있다.

3. 일본 정부는 이 용서받을 수 없는 죄를 짓고도 공식적인_____을/를 하지 않고 있다.

4. 독도는 상당히 오랜 기간동안 일본이 자기 _____ (이)라고 주장해 많은 한국사람들을 화나게 만들었다.

5. 이 불행한_____(으)로 한국은 36년동안 일본의 지배를 받아야 했다.

6. 일본은 많은 한국의_____을/를 뺏아가서 자기 것이라고 가르치며 돌려줄 생각을 않고 있다.

7. 일본은 이 기간 동안 한국 이름 대신 일본 이름을 쓰게 하여 한국문화와 한국사람들의 _____을/를 없애려 하였다.

8. 지리적으로 일본은 한국의 가장 가까운 이웃이지만 일본의_____을/를 경험한 많은 한국사람들은 일본이나 일본사람들에 대해 상당히 부정적인 감정을 갖고 있다.

5-2) '_____적(的)' 을 사용해서 다음을 완성하세요.

Complete the following using '___적.'

....

1. _____ 관계 (historical)

2. _____ 감정 (negative)

3. _____ 사과 (official)

4. _____ 노예 (sexual)

5. _____ 경험 (direct)

5-3) 아래에 설명된 뜻을 가진 단어를 본문에서 찾아 쓰세요.

Give the word from the main text that has the following definition.

....

1. 무슨 일을 하는 데 방해가 되는 것: _____

2. 아픈 후에 남는 것: _____

3. 머리를 아프게 하는 일들을 부르는 말:
   _____

4. 공부를 직업으로 하는 사람: _____

5. 어떤 것의 지배에서 벗어나 자유로워지는 것:
   _____

6. 잘못을 인정하고 이해를 구하거나 받아들이는
   것: _____

7. 있는 그대로의 사실: _____

8. 진실이 아닌 꾸며서 하는 말: _____

9. 옛날, 예전의 다른 말: _____

10. 잘못이나 미안함을 표현하는 것: _____

5-4) 맞는 것끼리 연결하세요.
Connect the related words.

....

1. 죄를   ㄱ. 왜곡하다

2. 잘못을   ㄴ. 받다

3. 지배를   ㄷ. 인정하다

4. 진실을   ㄹ. 만들다

5. 노예로   ㅁ. 짓다

5-5) 다음을 한국말로 바꾸세요.

Translate the phrases into Korean.

1. JAPANESE ANNEXATION OF KOREA: _____

2. COMFORT WOMEN: _____

3. ANTI-JAPANESE SENTIMENT: _____

4. KOREA-JAPAN NORMALIZATION ACT: _____

5. ERADICATION OF PRO-JAPANESE PEOPLE: _____

6. DISTORTION OF THE TRUTH IN TEXTBOOKS: _____

5-6) 나머지 셋과 가장 관계가 먼 것을 하나 고르세요.

Choose the word that is least related to the other three.

1. ㄱ. 천황   ㄴ. 일본군인
   ㄷ. 친일파 정치인   ㄹ. 피해자

2. ㄱ. 이웃   ㄴ. 골칫거리
   ㄷ. 걸림돌   ㄹ. 방해물

3. ㄱ. 통치   ㄴ. 용서
   ㄷ. 합병   ㄹ. 지배

토론과 작문 질문

1. 여러분은 한일관계에 대해서 무엇을 알고 있었습니까? 여러분이 지금까지 알고 있었던 것과 이 글에서 읽은 것과는 어떤 차이가 있습니까?

2. 여러분 주위의 한국사람이나 일본사람이 한일관계에 대해서 애기하는 걸 들어본 적이 있습니까? 있으면 어떤 애기들을 들었습니까?

3. 여러분은 미국사람으로서 한국사람들에게 어떤 애기를 해 주고 싶습니까? 일본사람들에게 어떤 애기를 해 주고 싶습니까?

4. 보다 바람직한 한일관계를 위해서 두 나라는 어떤 노력을 해야 한다고 생각합니까?

VII: RELATED TASK
관련과제

여러분 주위에 있는 일본사람 한 명과 한국사람 한 명을 인터뷰하세요. 그들이 상대국에 대해서 어떤 생각을 하고 있는지 알아본 후 인터뷰 결과를 정리해서 수업시간에 발표해 봅시다.

역사적(歷史的)	historical
가깝다	to be close
멀다	to be far
지리적(地理的)	geographical
이웃	neighbor
일본(日本)의 식민통치 (植民統治)	Japanese colonial rule
부정적(否定的)이다	to be negative
반일감정(反日感情)	anti-Japanese sentiment
해방(解放)	liberation
뿌리 깊다	to be deep-rooted
한일합방(韓日合邦)	Japanese annexation of Korea
강제합병(强制合倂)	forced annexation
사건(事件)	incident
기간(期間)	period, duration
대신(代身)	instead
정체성(正體性)	identity
천황(天皇)	emperor
절하다	to bow
위안부(慰安婦)	comfort women
끌고가다	to drag (into a situation)
군인(軍人)	soldier
성적노예(性的奴隸)	sexual slave
골칫거리	a headache or source of annoyance
걸림돌	stumbling block
용서(容恕)	forgiveness

죄(罪)	crime, sin
사과(謝過)하다	to apologize
공식적(公式的)이다	to be formal, official
피해자(被害者)	victim
보상(補償)	compensation
왜곡(歪曲)	distortion
진실(眞實)	truth
덮어두다	to cover up, overlook, ignore
문화재(文化財)	cultural asset
동해(東海)	East Sea
섬	island
영토(領土)	land, territory
긴장(緊張)시키다	to make (people) nervous
무역상대국 (貿易相對國)	national trading partner
한일국교정상화 (韓日國交正常化)	Korea-Japan Normalization Act
완전(完全)히	completely
인정(認定)하다	to admit, recognize
반성(反省)하다	to regret
친일파(親日派)	pro-Japanese people
청산(淸算)	eradication
끈	tie
바람직하다	to be desirable
두고보다	to wait and see
쟁점(爭點)(이슈)	an issue

은퇴와 노인문제
LIFE AFTER RETIREMENT

Unit Focus: 최근 한국사회에서 심각한 사회문제로 떠오른 노인문제의 실상에 대해 알아본다.

I: BACKGROUND INFORMATION
도입

Every nation encounters the social dilemma of how to best handle the post-work life of its elder citizens. The issue of life after retirement looms large for many Koreans and is gaining importance as more people face early retirement. Partially due to a more competitive working society, employers face the prospect of having to offer their employees better early retirement plans.

일할 곳도 없고 특별히 갈 곳도 없어 공원에서 시간을 보내고 있는 노인들.

1. 노인문제가 특히 최근에 한국에서 큰 사회문제로 떠오르게 된 사회문화적 배경을 생각해 봅시다.

2. 노인문제의 실상과 대책면에서 미국과 한국의 상황은 어떻게 다를까요?

3. 노인문제는 다른 사회문제와 어떤 면에서 다릅니까?

4. 노인문제를 해결하기 위한 방법은 어떤 것들이 있을까요?

III: MAIN TEXT
본문

Core Vocabulary (핵심단어): 경로사상, 노인문제, 사회보장제도, 양로원, 노인복지시설, 평균수명, 노후대책

전통적인 유교사상에 바탕을 둔 한국사회는 어른들과 윗사람들을 존경하는 '경로사상'을 가장 중요하게 생각해 왔다. 그래서 윗사람들 앞에서 지켜야 할 예절이 복잡하고 많은 것은 말할 것도 없고 각 가정의 장남은 결혼한 후 부모를 모시고 사는 것을 당연한 자식의 의무로 받아들였다. 물론 장남이

모실 수 없는 사정일 때는 차남이나 다른 자식이 모셔야 했다. 자식이 부모를 모시는 이런 전통은 세계에서 보기 드문 한국의 아름다운 풍습으로 많은 사람들의 부러움을 샀다.

그러나 지금까지 노인문제를 "강건너 불구경"하던 한국에서도 점점 이 문제가 더 이상은 모른척 할 수 없는 심각한 사회문제로 떠오르고 있다. 현대화의 영향으로 생활방식이 달라지면서 대가족제도가 무너지고 자식들이 부모를 모시고 살 수 없거나 모시고 살지 않으려는 경향이 깊어졌다. 이런 경향은 부모들도 마찬가지여서 이제는 자식이 결혼한 후 함께 살기를 꺼리거나 자식의 도움을 기대하지 않는 소위 "현대판" 부모가 점점 많아지고 있다. 그 결과로 혼자 사는 60세 이상 노인의 수는 전체 노인의 반정도나 되며 이들 중 대다수가 아주 적은 수입으로 생활하고 있다고 한다.

그런데 사회보장제도가 잘 발달된 서구와는 달리 한국은 아직도 노인문제를 해결할 수 있는 제도가 제대로 자리잡지 못했다. 따라서 은퇴한 노인들은 자식들과 같이 살지 않을 경우 외로움이나 건강문제는 두고라도 기본적인 생활비문제를 걱정해야 한다. 또 서양처럼 양로원시설도 충분하지 않아서 갈 곳마저 없는 형편이다. 지난 몇년 사이에 노인복지시설이 약간 늘어나긴 했지만 노인수에 비해서 턱없이 부족할 뿐만 아니라 많은 양로원은 너무 비싸서 쉽게 들어갈 수도 없다고 한다. 또 원해서든 할 수 없어서든 부모를 모시고 같이 사는 가정의 경우도, 가치관의 차이나 세대차이 등으로 여러가지 어려움을 겪는다.

부모와 자식이 같이 살 경우 특히 자주 문제가 되는 것은 시어머니와 며느리 사이의 갈등인데 (고부갈등이라 부른다) 이것은 결혼한 여자들이 부모를 모시고 살기를 꺼리는 가장 큰 이유중의 하나다. 자식들의 짐이 되지 않으려고 혼자 살다가 외롭게 죽은 노인의 이야기나 부자간의 갈등으로 일어나는 불행한 사건을 우리는 신문이나 텔레비전에서 자주 보고 듣는다.

　설상가상으로 최근에는 평균수명은 높아지는 반면 퇴직연령은 낮아지는 경향이 있어 상황을 더욱 어렵게 만들고 있다. 특히 한국이 '외환위기' (보통 'IMF'라 불린다)를 겪기 시작한 1997년 후반 이후 직업에 대한 불안정은 많은 직장인들을 불안하게 하고 있다. 충분히 일할 수 있는 나이에 일을 그만두게 된 퇴직자들은 갑작스런 변화에 적응하는 데 육체적으로 또 정신적으로 어려움을 겪는다. 그러나 불행하게도 한국에는 미국처럼 노인들이 봉사할 수 있는 기회도 많지 않고 또 시간제로 일을 할 수 있는 곳도 거의 없다. 어쨌든 '노후대책'에 대한 걱정은 지난 몇 년 사이에 나이에 관계없이 수많은 한국사람들의 가장 큰 관심사가 되었으며, 노인문제는 이제 한국사회가 시급히 해결책을 찾아야 하는 또 하나의 숙제가 되었다.

이해 확인

4-1) 다음 문장이 본문의 내용과 맞으면 '맞음,' 틀리면 '틀림'을 쓰세요.

If the following statement is true, write T; if false, write F.

1. 한국사회를 이해하는 데 가장 중요한 것 하나는 어른들을 존경하는 '경로사상'이다. (　　)

2. 특별한 사정이 없을 때는 장남이 부모를 모시는 것이 한국의 풍습이다. (　　)

3. 한국이 이제 노인문제를 겪게 된 것은 아직도 선진국이 되지 못했기 때문이다. (　　)

4. 요즘은, 부모들은 여전히 자식과 같이 살고 싶어하는데 자식들이 부모와 같이 살지 않으려 한다. (　　)

5. 자식들과 함께 살지 않는 은퇴한 노인들은 양로원에 가면 되니까 별 문제가 없다. (　　)

6. 부모와 자식이 같이 사는 가정에서는 경제적 어려움때문에 문제가 자주 생긴다. (　　)

7. 한국에서는 특히 시어머니와 며느리 사이가 좋지 못한 경우가 많다. (　　)

8. 한국사람들의 퇴직연령은 다른 선진국에 비해 높은 편이다. (　　)

9. 한국에서는 퇴직한 노인들이 사회봉사를 하거나 시간제로 일할 수 있는 곳이 많지만 노인들이 일하기를 원하지 않는다. (　　)

10. 한국은 아직도 노인문제가 심각하지 않기 때문에 크게 걱정할 필요가 없다. (　　)

4-2) 본문의 내용에 따라 다음 질문에 간단히 대답하세요.

Briefly answer the following questions in writing based on the main text.

1. '경로사상'의 가장 중요한 생각은 간단히 어떻게 표현될 수 있습니까?

2. 전통적인 한국사회에서 부모를 모실 의무는 누구한테 있었습니까?

3. 한국에서 최근에 노인문제가 심각한 사회문제로 떠오르게 된 이유는 무엇입니까?

4. 한국의 사회보장제도는 서구와 비교해서 어떻습니까?

5. 은퇴한 노인들이 혼자 살 경우 어떤 어려움이 있습니까? 세가지 쓰십시오.

6. 노인들이 양로원에 쉽게 들어갈 수 없는 이유는 무엇입니까?

7. 부모와 자식이 같이 사는 경우에는 어떤 어려움이 있습니까?

8. 시어머니와 며느리 사이의 갈등을 뭐라고 부릅니까?

9. 최근의 높아진 평균수명과 낮아진 퇴직연령은 노인문제에 어떤 영향을 미칩니까?

10. 미국과는 달리 한국에서 노인문제가 더 심각한 이유는 무엇입니까?

V: VOCABULARY EXERCISES
단어연습

5-1) 보기에서 적당한 단어를 골라 빈 칸을 채우세요.

Fill in the blanks with the appropriate word from the examples.

....

노후대책	형편	시설	퇴직
풍습	갈등	기회	적응

1. 은퇴한 노인들이 새로운 생활에＿＿＿＿＿＿하는 데에는 여러가지 어려움이 따른다.

2. 한국은 서양처럼 양로원 시설도 충분하지 않아서 많은 한국 노인들은 갈 곳 마저 없는 ＿＿＿＿＿＿(이)다.

3. 자식이 부모를 모시는 이런 전통은 세계에서 보기 드문 한국의 아름다운＿＿＿＿＿＿(으)로 많은 사람들의 부러움을 샀다.

4. 지난 몇년 사이에 노인복지＿＿＿＿＿＿이/가 늘어나긴 했지만 아직도 많이 부족하다.

5. 노인문제는 이제 한국사회가 시급히 해결을 찾아야 하는 또 하나의 숙제이며＿＿＿＿＿에 대한 걱정은 수많은 한국사람들의 가장 큰 관심사가 되었다.

6. 부모와 자식이 같이 살 경우 특히 자주 문제가 되는 것은 시어머니와 며느리 사이의 ＿＿＿＿＿(이)다.

7. 최근 한국에서는 일찍＿＿＿＿＿하는 경향이 있어 상황을 더욱 어렵게 만들고 있다.

8. 한국에는 미국처럼 노인들이 봉사할 수 있는 ＿＿＿＿＿도 많지 않고 또 시간제로 일을 할 수 있는 곳도 거의 없다.

5-2) 밑줄 친 단어나 표현과 뜻이 가장 비슷한 것을 고르세요.

Choose the word or expression closest in meaning to the underlined word or expression.

1. 자식이 부모를 모시고 사는 전통은 세계에서 <u>보기 드문</u> 아름다운 한국의 풍습이다.

ㄱ. 흔한
ㄴ. 쉽게 볼 수 있는
ㄷ. 예가 없는
ㄹ. 찾기 어려운

2. 지금까지 노인문제를 <u>강건너 불구경하던</u> 한국도 이젠 상황이 달라졌다.
    ㄱ. 걱정하고 신경을 쓰던
    ㄴ. 자기와는 상관없는 남의 일로 생각하던
    ㄷ. 재미있게 생각하던
    ㄹ. 해결해야 할 심각한 문제로 여기던

3. 요즘은 결혼한 후 부모와 살기를 <u>꺼리는</u> 자식들이 많다.
    ㄱ. 좋아하는
    ㄴ. 상관하지 않는
    ㄷ. 원하지 않는
    ㄹ. 기대하지 않는

4. 한국은 아직도 노인문제를 해결할 수 있는 제도가 <u>제대로 자리잡지 못했다.</u>
    ㄱ. 잘 갖추어져 있지 않다
    ㄴ. 소개되어 있지 않다
    ㄷ. 시작조차 되지 않았다
    ㄹ. 문제가 많다

5. 은퇴한 노인들이 자식들과 같이 살지 않을 경우, <u>외로움과 건강문제는 두고라도</u> 기본적인 생활비 문제를 걱정해야 한다.
    ㄱ. 외로움과 건강문제만큼 중요한
    ㄴ. 외로움과 건강문제는 말할 것도 없고
    ㄷ. 외로움과 건강문제와는 관계없이
    ㄹ. 외로움과 건강문제 이상으로

6. 지난 몇 년 사이에 노인복지 시설이 늘어나긴 했지만 노인 수에 비해서 <u>턱없이 부족하다</u>.
   ㄱ. 부족하긴 하다
   ㄴ. 약간 부족하다
   ㄷ. 부족하다고 볼 수 있다
   ㄹ. 아주 많이 부족하다

7. <u>설상가상으로</u> 최근 한국에서는 일찍 퇴직하는 사람들이 많아져서 문제가 더 심각해 지고 있다.
   ㄱ. 다시 말해서
   ㄴ. 나쁜 상황이 더 나빠져서
   ㄷ. 쉬운 일이 어려워져서
   ㄹ. 사람들의 무관심때문에

8. 요즘은 노인문제가 심각한 사회문제의 하나로 <u>떠오르고 있다</u>.
   ㄱ. 관심의 대상이 되고 있다
   ㄴ. 사람들을 놀라게 하고 있다
   ㄷ. 신문에 자주 나오고 있다
   ㄹ. 학교에서 연구되고 있다

5-3) 아래에 설명된 뜻을 가진 단어를 본문에서 찾아 쓰세요.

Write the word from the main text that has the following definition.

1. 어른들을 공경하는 생각: _____

2. 노인들을 돌보는 곳: _____

3. 한 가정의 제일 큰 아들: _____

4. 어떤 사람이 일을 그만두는 나이: _____

5. 시어머니와 며느리가 겪는 문제: _____

6. 다른 사람을 위해서 무엇을 하는 것:

_____

7. 경제가 발전해서 잘 사는 나라: _____

8. 자신의 위치에서 꼭 해야 하는 일: _____

9. 날마다 사는 데 드는 돈: _____

10. 은퇴한 이후의 삶을 위한 여러가지 준비:

_____

5-4) 맞는 것끼리 연결하세요.

Connect the related words.

1. 바탕을   ㄱ. 적응하다

2. 부러움을   ㄴ. 두다

3. 변화에   ㄷ. 찾다

4. 해결책을   ㄹ. 사다

5. 제도가   ㅁ. 자리잡다

5-5) 아래 단어의 반대말을 본문에서 찾아 쓰세요.

Write the antonyms of the following words from the main text.

⋯⋯⋯⋯⋯⋯⋯⋯⋯⋯⋯⋯⋯⋯⋯⋯⋯⋯⋯⋯⋯⋯⋯⋯⋯⋯⋯⋯

1. 흔하다: _____

2. 후진국: _____

3. 지출: _____

4. 정신적: _____

5. 아랫사람: _____

6. 천천히: _____

VI: QUESTIONS FOR DISCUSSION AND COMPOSITION
토론과 작문 질문

---

1. 여러분은 결혼한 후에 부모님과 함께 살고 싶습니까? 아니면 따로 살고 싶습니까? 이유는 무엇입니까?

2. 결혼 후 부모와 함께 살 경우의 좋은 점과 문제점을 구체적으로 설명해 봅시다.

3. 노인문제를 해결하기 위해서 정부가 할 수 있는 일, 해야 할 일은 무엇입니까? 또 기업이나 사회, 그리고 개인이 할 수 있는 일은 무엇입니까?

4. 여러분이 주위의 노인들을 위해서 할 수 있는 일은 무엇일까요?

5. 행복한 노후생활에 꼭 필요한 것은 무엇이라고 생각합니까? 노후생활 준비는 언제부터 어떻게 시작하는 것이 좋을까요?

VII: RELATED TASK
관련과제

---

1. 여러분이 양로원에 봉사활동을 가서 하루를 노인들과 보낸다고 생각해 보세요. 그 노인들과 어떻게 시간을 보낼 것인지 구체적인 (detailed) 계획을 세워 보세요. 그리고 왜 그런 계획을 세우게 되었는지 설명해 보세요.

2. 미국은 사회보장제도가 한국보다 잘 발달되어 있습니다. 먼저 미국의 사회보장제도에 대해 '리서치'를 해 보세요. 한국이 미국의 제도를 '벤치마킹'할 경우 가장 먼저 해야 할 일이 무엇인지, 어떤 문제점이 있을지, 현재의 한국상황을 고려해서 예상해 보세요.

WORD LIST
어휘목록

경로사상(敬老思想)	"respect for the elderly"
윗사람	elders
장남(長男)	oldest, first-born son
차남(次男)	second son

드물다	to be rare
부러움	envy
노인문제(老人問題)	elderly issues
꺼리다	to hesitate, to dislike
전체(全體)	all, whole
수입(收入)	income
사회보장제도 (社會保障制度)	social welfare system
발달(發達)되다	to be developed
서구(西歐)	Western Europe
생활비(生活費)	living expenses
양로원(養老院)	nursing home
시설(施設)	facilities
충분(充分)하다	to be sufficient
형편(形便)	situation
시(媤)어머니	woman's mother-in-law
며느리	daughter-in-law
짐	burden
설상가상(雪上加霜) 으로	to make things worse
퇴직(退職)하다	to retire
외환위기(外換危機)	foreign exchange crisis
적응(適應)하다	to adjust
육체적(肉體的)	physical
정신적(精神的)	mental
봉사(奉仕)	service
시간제(時間制)	part-time, hourly
시급(時急)히	swiftly

노후대책(老後對策)   retirement planning
관심사(關心事)   matter of concern
지출(支出)   expenditure

Unit 20

한국의 종교
RELIGION IN KOREA

Unit Focus: 한국의 종교 현황과 이민사회에서의 교회의 역할에 대해 알아본다.

I: BACKGROUND INFORMATION
도입

Korea has had a deep and rich history of Buddhism and later Christianity, which in Korea has seen a growth in numbers since the early 1900s. Less well-known religions are also popular in many regions around the globe, and interestingly enough, a Korean leads a major cult that has found success in America. This essay aims to further examine religion in Korea.

한국은 전체 인구의 반 이상이 종교를 믿는다. 서울의 한 교회 모습.

준비학습

1. 한국사람들의 삶에 종교는 왜 중요하며 얼마나 중요한 역할을 합니까?

2. 한국의 종교는 역사적으로 어떻게 변해 왔습니까?

3. 교포사회에서 종교, 특히 교회는 어떤 역할을 하고 있는지 생각해 보세요.

4. 사교(cult)의 위험과 문제는 무엇입니까?

III: MAIN TEXT
본문

Core Vocabulary (핵심단어): 종교, 불교, 신자, 기독교, 개신교, 천주교, 교회, 교파

사람들의 삶에서 가장 중요한 것 중의 하나는 종교다. 아주 옛날 한국사람들은 '애니미즘'과 '샤머니즘'을 믿었다. 그러다가 삼국시대(0-668)부터 중국에서 들어온 불교가 통일신라시대(668-935)에는 대중종교로서 뿌리를 내렸고 고려시대(918-1392)에 와서는 국교로 정해졌다. 그러나 고려 말기에 불교의 영향이 지나치게 강해지면서 여러 가지 문제가 생겼고 그 결과 조선시대(1392-1910)에는 유교가 불교를 대신해서 조선사회를 이끌어 가는

중요한 정신적 사상이 되었다. 그러나 유교는 종교라기보다는 철학에 더 가까웠다.

이런 역사적 전통때문에 아직도 한국에는 불교신자가 제일 많으며 (2005년 통계청 통계에 의하면 1,000만명이 좀 넘는다) 음력 4월 8일인 석가모니의 생일은 '석탄일' 또는 '부처님 오신 날'이라 하여 공휴일이다. 예수가 태어난 날인 크리스마스 (성탄절)이 공휴일인 것과 같다. 이 날에는 많은 신자들이 절을 찾아가서 부처님께 절하고 소원을 빈다. 오랜 불교의 영향으로 한국은 훌륭한 불교문화를 꽃피웠고 한국의 문화유적은 불교에 관계된 것이 많다. 누구나 잘 아는 경주에 있는 불국사와 석굴암은 한국이 자랑하는 대표적인 불교유적이다.

한국에 기독교가 들어온 것은 19세기 말이었다. 기독교는 개신교와 천주교 (카톨릭)로 크게 나누어지는데 개신교는 다시 교파에 따라 장로교, 감리교, 침례교 등으로 갈라진다. 개신교와는 달리 천주교는 하나의 학문으로 한국에 들어왔는데 뿌리깊은 유교 사상때문에 전파에 많은 어려움이 있었고 천주교 신자들은 여러차례에 걸쳐 심한 박해를 받았다. 그럼에도 불구하고 한국은 천주교가 들어와서 성공한 나라 중의 하나로, 한국의 천주교 신자는 약 500만을 넘으며 계속 성장하고 있다. 물론 개신교 신자는 이보다 훨씬 많아 900만명 가까이 된다 (2005년 통계청 통계). 남한의 총인구가 약 4500만이니까 국민의 반 이상이 (약 53%) 종교 (불교, 기독교 또는 천주교)를 가지고 있는 셈이다.

한국사회에서 종교를 믿는 사람이 많고 종교의 역할이 큰 것처럼 동포사회에서도 기독교와 교회의 역할은 크다고 할 수 있다. 대부분의 한국이민자들은 고국에서는 교육받은 중산층이었고 그들 중 많은 사람들이 개신교 신자였다. 그 중에서도 한인목사들이 상당히 많이 미국으로 이민하여 미국의 한국 이민사회에서 한국교회가 발전하는 데 공헌하였다. 교회는 하느님을 찬미하고 구원을 찾는 종교의 주된 역할 뿐만 아니라 사회사업센터, 민족공동체로서의 기능도 동시에 하고 있다. 특히 이민온 지 얼마 되지 않은 사람들이 빨리 정착하여 새로운 환경에 적응할 수 있도록 도와주고, 필요한 정보를 나누며, 이민생활에서 겪는 여러가지 어려움도 같이 해결해 준다. 사실 많은 이민자들에게 교회는 '주말생활'의 중심이 되고 있다.

종교는 사람들의 생활에 중요한 역할을 한다. 그러나 지나치게 맹목적이 되거나 사교화 되면 문제가 크다. 우리는 아직도 1995년 동경역의 옴교 가스사건과 텍사스 웨코의 집단자살 사건을 생생히 기억하고 있다.

IV: COMPREHENSION QUESTIONS
이해 확인

4-1) 다음 문장이 본문의 내용과 맞으면 '맞음,' 틀리면 '틀림'을 쓰세요.

If the following statement is true, write T; if false, write F.

....

1. 불교는 일본을 통해 한국에 들어왔다. (   )

2. 불교가 국교로 정해진 것은 고려시대이다.
   (   )

3. 조선시대에는 유교가 불교대신 사회를 이끌어 가는 중요한 사상적 역할을 했다. (   )

4. 한국의 문화적 유적에 불교에 관계된 것이 많은 이유는 오랜 불교의 영향때문이다. (   )

5. 한국에는 개신교 신자가 제일 많고 그 다음이 불교, 천주교 순이다. (   )

6. 개신교도 천주교도 모두 처음 전파되었을 때는 많은 어려움과 박해를 받았다. (   )

7. 현재 남한의 총 인구의 약 $\frac{1}{4}$(사분의 일)이 기독교 신자다. (   )

8. 미국의 한인사회에서 한국교회의 발전에 특히 공헌한 사람은 성공한 사업가들이다. (   )

9. 미국에서 한인교회는 교회의 역할 뿐 아니라 사회사업센터와 민족공동체의 기능도 하고 있다. (   )

10. 동경역의 옴교 가스사건과 텍사스 웨코의 집단 자살 사건은 종교가 사교화되어 생긴 문제의 예이다. (   )

4-2) 본문의 내용에 따라 다음 질문에 간단히 대답하세요.

Briefly answer the following questions in writing based on the main text.

1. 불교는 어느 나라에서 들어왔습니까?

2. 고려시대의 국교는 무엇이었습니까?

3. 조선시대에 유교가 불교를 대신하게 된 이유는 무엇입니까?

4. 한국에서 현재 제일 신자가 많은 종교는 무엇입니까?

5. 한국의 대표적인 불교 문화유적은 무엇입니까?

6. 한국에 기독교가 들어온 것은 언제입니까?

7. 기독교는 다시 무엇과 무엇으로 크게 나누어졌습니까?

8. 천주교가 전파에 어려움을 겪고 천주교 신자들이 박해를 받은 이유는 무엇입니까?

9. 남한 인구 중에서 종교인구는 어느 정도입니까?

10. 미국의 한국 이민사회에서 한국교회가 발전하는데 큰 공헌을 한 사람은 누구입니까?

V: VOCABULARY EXERCISES
단어연습

5-1) 보기에서 적당한 단어를 골라 빈 칸을 채우세요.

Fill in the blanks with the appropriate word from the examples.

맹목적이 되다   대표적이다   성장하다

나누어지다   찬미하다   대신하다

1. 누구나 잘 아는 경주에 있는 불국사와 석굴암은 한국이 자랑하는 _____인 불교 유적이다.

2. 기독교는 개신교와 천주교 (가톨릭)로 크게 _____는데 개신교는 다시 교파에 따라 장로교, 감리교, 침례교 등으로 갈라진다.

3. 종교가 지나치게_____어 사교화 되면 문제가 크다.

4. 조선시대에는 유교가 불교를_____서 조선사회를 이끌어 가는 중요한 정신적 사상 역할을 했다.

5. 교회는 하느님을_____고 구원을 찾는 종교의 주된 역할 뿐만 아니라 사회사업센터, 민족공동체로서의 기능도 동시에 하고 있다.

6. 한국은 천주교가 들어와서 성공한 나라 중의 하나로, 한국의 천주교 신자는 약 500만을 넘으며 계속_____고 있다.

5-2) 밑줄 친 단어나 표현과 뜻이 가장 비슷한 것을 고르세요.

Choose the word or expression closest in meaning to the underlined word or expression.

1. 통일신라시대에는 불교가 대중종교로서 <u>뿌리를 내렸다</u>.
   - ㄱ. 관심을 끌었다
   - ㄴ. 유명해졌다
   - ㄷ. 자리를 잡았다
   - ㄹ. 중요해졌다

2. 오랜 불교의 영향때문에 한국은 훌륭한 <u>불교문화를 꽃 피웠다</u>.
   - ㄱ. 불교문화가 많이 발전했다
   - ㄴ. 불교축제가 많아졌다
   - ㄷ. 불교신자가 많아졌다
   - ㄹ. 불교정원을 만들었다

3. 처음 천주교가 한국에 들어왔을 때 천주교 신자들은 <u>심한 박해를 받았다</u>.
   - ㄱ. 많은 괴로움과 고통을 당했다
   - ㄴ. 큰 환영을 받았다
   - ㄷ. 금방 믿음을 포기했다
   - ㄹ. 나라와 싸웠다

4. 한인목사들이 꽤 많이 미국으로 이민해서 미국의 한국교회 발전에 <u>공헌했다</u>.
   - ㄱ. 문제를 일으켰다
   - ㄴ. 노력을 기울였다
   - ㄷ. 도움을 주었다
   - ㄹ. 신경을 썼다

5. 남한의 총인구가 약 4500만이니까 국민의 ¼이
   <u>기독교인인 셈이다.</u>
   　　ㄱ. 기독교인인 게 틀림없다
   　　ㄴ. 기독교인인 것과 다름이 없다
   　　ㄷ. 기독교인일지도 모른다
   　　ㄹ. 기독교인일 수도 있다

5-3) 아래에 설명된 뜻을 가진 단어를 본문에서 찾아
쓰세요.

Write the word from the main text that has the following

definition.

1. 종교를 믿는 사람: _____

2. 자신이 태어난 나라를 떠나 다른 나라로 가서 사
   는 것: _____

3. 널리 퍼뜨리는 것: _____

4. '양력'과는 달리 달에 기초한 달력: _____

5. 바라고 원하는 것: _____

6. 100년을 부르는 다른 말: _____

7. 도움을 주는 것, 이바지하는 것: _____

8. 한 사람이 태어나서 자라고 사는 나라:
   _____

9. 가톨릭교의 한국말: _____

10. 한 사람이 맡은 일. 부모 _____, 학생
    _____, 동생_____ 등:
    _____

5-4) 나머지 셋과 가장 관계가 먼 것을 고르세요.
Choose the one that is least related to the other three.

1. ㄱ. 사교   ㄴ. 절   ㄷ. 불교   ㄹ. 중

2. ㄱ. 장로교 ㄴ. 감리교 ㄷ. 유교   ㄹ. 침례교

3. ㄱ. 전통   ㄴ. 역사   ㄷ. 유적   ㄹ. 소원

4. ㄱ. 하느님 ㄴ. 기도   ㄷ. 구원   ㄹ. 민족

VI: QUESTIONS FOR DISCUSSION AND COMPOSITION
토론과 작문 질문

---

1. 여러분은 종교를 믿습니까? 믿으면 어떤 종교를
   믿으며 왜 믿습니까?
   그 종교를 믿게 된 동기는 무엇입니까?

2. 가족들의 종교와 자신의 종교가 다를 때는 어떤
   문제가 생길까요? 특히 결혼할 사람의 종교가
   자신의 종교와 다를 때 어떻게 해야 할까요?

3. 여러분의 믿음이 여러분의 삶에 어떤 영향을 미
   친다고 생각합니까?

다시 말해서 '종교적인 생활'이란 어떤 생활이며 여러분이 종교를 가지고 있기 때문에 여러분의 일상생활이 '비종교인' (non-Christian)과 다르다면 어떤 면에서 그렇습니까?

4. 여러분의 경험으로 볼 때 동포사회에서 교회는 어떤 역할을 하며 그 역할은 왜 중요합니까? 여러분은 얼마나 많은 시간을 교회나 성당에서 보내고 있습니까? 여러분 가족은요?

VII: RELATED TASK
관련과제

주위 사람들 (가족, 친척, 친구들) 세 명을 골라서 종교를 믿으면 왜 믿는지, 안 믿으면 왜 안 믿는지, 믿으면 어떤 종교를 믿는지, 왜 그 종교를 믿는지 인터뷰를 해서 그 결과를 써 보세요.

WORD LIST
어휘목록

종교(宗敎)	religion
애니미즘	Animism
샤머니즘	Shamanism
삼국시대(三國時代)	Three Kingdoms period (0–668)
불교(佛敎)	Buddhism
통일신라시대	Unified Silla period (668–935)

(統一新羅時代)

대중종교(大衆宗敎)	popular religion
고려시대(高麗時代)	Goryo period (918–1392)
국교(國敎)	national religion
말기(末期)	end stage, latter part
조선시대(朝鮮時代)	Joseon period (1392–1910)
대신(代身)하다	to replace
사상(思想)	thoughts
철학(哲學)	philosophy
신자(信者)	believer
음력(陰曆)	lunar calendar
석가모니(釋迦牟尼)	Siddhartha
부처님	Buddha
예수님	Jesus Christ
절(사찰 寺刹)	temple
소원(所願)	wish
문화유적(文化遺蹟)	cultural remnants
기독교(基督敎)	Christianity
세기(世紀)	century
개신교(改新敎)	the Protestant church
천주교(天主敎)	Catholicism
나누어지다	to be divided
교파(敎派)	denomination
장로교(長老敎)	the Presbyterian church
감리교(監理敎)	the Methodist church
침례교(浸禮敎)	the Baptist church
학문(學文)	scholarship
전파(傳播)	dissemination
박해(迫害)	persecution/oppression

총인구(總人口)	total population
농담(弄談)	joke
동포사회(同胞社會)	immigrant community
이민자(移民者)	immigrant
고국(故國)	native country
목사(牧師)	pastor, minister
발전(發展)하다	to develop
공헌(貢獻)하다	to contribute
찬미(讚美)하다	to worship
구원(救援)	redemption
사회사업(社會事業)	social work
민족공동체(民族共同體)	national community
동시(同時)에	simultaneously
정착(定着)하다	to settle
정보(情報)	information
외로움	loneliness
맹목적(盲目的)이 되다	to become blind, servile
사교화(邪敎化) 되다	to become part of a cult
집단자살(集團自殺)	mass suicide

전체어휘해설

Glossary

ㄱ

가깝다	to be close	U18
가꾸다	to cultivate, maintain, adorn	U10
가난	poverty	U10
가난뱅이	pauper, the poor	U14
가정(家庭)	home, family	U5
가족제도(家族制度)	family system	U5
가치(價値)	value, worth, merit	U15
가치관(價値觀)	value system	U6
간암(肝癌)	liver cancer	U17
간접적(間接的)으로	indirectly	U2
갈등(葛藤)	conflict	U13
감독(監督)	manager/coach (of a sports team), director (of a movie)	U2
감동(感動)을 주다	to move someone (emotionally)	U2
감리교(監理敎)	Methodist church	U20
감정적(感情的)이다	to be emotional	U10
강국(强國)	strong country, country with power	U14
강력(强力)하다	to be strong, powerful	U12
강요(强要)하다	to force	U4
강제합병(强制合倂)	forced annexation	U18
강조(强調)하다	to emphasize	U11
개발도상국(開發途上國)	developing country	U10
개발(開發)되다	to be developed	U17
개방논쟁(開放論爭)	dispute over open access	U16
개설(開設)하다	to establish, offer (a course)	U11

개성(個性)	individuality	U7
개신교(改新敎)	Protestant church	U20
개인(個人)	an individual	U6
개인주의(個人主義)	individualism	U17
개최(開催)	hosting an event	U10
거래처 사람	business acquaintance	U17
거북선	turtle-shaped boat	U3
거울	mirror	U10
거의	almost	U6
건강(健康)	health	U8
걸림돌	stumbling block	U18
게다가	besides, in addition	U11
결과(結果)	result	U8
결국(結局)	eventually, at last	U8
결정(決定)	decision	U4
결합(結合)	union, unity	U6
결혼정보회사(結婚情報會社)	dating service	U6
경고문(警告文)	warning sign	U8
경기(競技)하다	to compete (in sports)	U14
경로사상(敬老思想)	"respect for the elderly"	U19
경우(境遇)	case, instance	U4
경쟁(競爭)	competition	U1
경제력(經濟力)	economic power	U6
경제발전(經濟發展)	economic development	U12
경제성장(經濟成長)	economic growth	U10
경제적(經濟的) 안정(安定)	financial stability	U16
경제협력개발기구 (經濟協力開發機構)	Organization for Economic Cooperation and Development	U12
경제활동(經濟活動)	economic activity	U5
경향(傾向)	tendency	U6
경험(經驗)하다	to experience	U13
계속(繼續)해서	continuously	U8
계속(繼續)되다	to be continued	U9

계약(契約)	contract	U17
고개	head	U4
고객(顧客)	customer	U8
고국(故國)	native country	U20
고급(高級)	high quality	U17
고난(苦難)	hardship	U13
고등교육(高等敎育)	higher education	U5
고려시대(高麗時代)	Goryo period (918–1392)	U20
고려(考慮)하다	to consider	U2
고르다	to choose	U11
고사(告祀)를 지내다	to hold a prayer ceremony for fortune and success, typically in business	U15
고생(苦生)하다	to suffer	U10
고전음악(古典音樂)	classical music	U1
고통(苦痛)	pain, suffering	U3
곤드레만드레	a drunken, tired appearance	U17
골칫거리	a headache or source of annoyance	U18
곳곳(에)	here and there, everywhere	U10
공공장소(公共場所)	public place	U4
공동개최(共同開催)	co-hosting	U14
공립학교(公立學校)	public school	U1
공상과학영화(空想科學映畵)	sci-fi movie	U2
공손(恭遜)하다	to be polite	U4
공식적(公式的)이다	to be formal, official	U18
공중도덕(公衆道德)	public etiquette	U10
공헌(貢獻)하다	to contribute	U20
과거(過去)	past	U6
과목(科目)	course, subject (at school)	U11
과언(過言)	overstatement	U5
과외(課外)	private tutoring	U11
과외활동(課外活動)	extracurricular activity	U1
과음(過飮)	overdrinking	U17

과학(科學)의 발달(發達)	scientific advancement	U15
과학적(科學的)이다	to be scientific	U3
관객(觀客)	moviegoer	U2
관객동원(觀客動員)	box office ticket selling	U16
관광객(觀光客)	tourist	U10
관습(慣習)	custom	U9
관심(關心)	concern	U9
관심사(關心事)	matter of concern	U19
광고(廣告)	advertisement	U8
교류(交流)	exchange	U16
교리(敎理)	doctrine, creed	U20
교육방법(敎育方法)	teaching method	U11
교육자(敎育者)	educator	U11
교육제도(敎育制度)	educational system	U1
교통(交通)	transportation	U11
교파(敎派)	denomination	U20
구별(區別)	distinction	U9
구성원(構成員)	members	U5
구세대(舊世代)	old generation	U12
구식(舊式)이다	to be old-fashioned	U13
구원(久遠)	redemption	U20
구호(口號)	slogan, catchphrase	U9
국가시험(國家試驗)	national exam	U1
국교(國敎)	national religion	U20
국력(國力)	national power	U14
국민(國民)	people (of a nation)	U10
국제경기(國際競技)	international competition	U14
국제영화제(國際映畵祭)	international film festival	U2
국제화(國際化)	globalization	U11
국한(局限)되다	to be limited	U10
군대(軍隊)	army, military	U12
군인(軍人)	soldier	U18
굿	shaman ritual	U15

궁극적(窮極的)으로	ultimately	U6
궁합(宮合)	marital harmony	U6
권위적(權威的)이다	to be authoritative	U1
권투(拳鬪)	boxing	U14
귀신(鬼神)	ghost	U15
그치다	to end or stop	U9
금(金)메달	gold medal	U3
금연(禁煙)	no smoking	U8
긍정적(肯定的)이다	to be positive, affirmative	U10
기간(期間)	period, duration	U18
기능(機能)	function	U2
기대(期待)	expectation	U6
기독교(基督敎)	Christianity	U20
기록(記錄)	record	U2
기본예의(基本禮儀)	basic etiquette	U7
기본조건(基本條件)	basic condition	U6
기사(記事)	article (newspaper, magazine, etc.)	U8
기성세대(旣成世代)	older generation	U13
기술(技術)	skills	U1
기적(奇蹟)	miracle	U10
기준(基準)	the/a standard	U9
기회(機會)	opportunity	U4
긴장(緊張)시키다	to make (people) nervous	U18
까다롭다	to be picky	U4
까마귀	crow	U15
까치	magpie	U15
꺼리다	to hesitate, to dislike	U19
껍질	shell / skin	U16
꽤	quite	U8
꾸준하다	to be steady	U11
꾸중	scolding	U4
꿈을 이루다	to accomplish one's dream	U13
꿈을 키우다	to cultivate aspirations	U3

끈	tie	U18
끈적끈적하다	to be sticky	U15
끊다	to stop (smoking, drinking, etc.), to cut off (connection)	U8
끌고가다	to drag (into a situation)	U18

ㄴ

나누어지다	to be divided	U20
나눔	sharing	U17
나서다	to step forward	U4
낙태(落胎)	abortion	U9
날씬해지다	to become slender	U7
남녀공학(男女共學)	co-ed school	U1
남다	to remain	U15
남아(男兒)	boy	U9
내적(內的)이다	to be internal	U7
널리	widely	U10
노력(努力)하다	to make an effort	U2
노인(老人)	the elderly	U5
노인문제(老人問題)	elderly issues	U19
노후대책(老後對策)	retirement planning	U19
논술시험(論述試驗)	essay writing exam	U1
농담(弄談)	joke	U20
눈부시다	to be brilliant, dazzling (achievement, performance, etc.)	U10
느끼다	to feel	
능력(能力)	ability	U1
능력(能力)있다	to be able/capable	U14

ㄷ

다름	difference	U13
다리를 떨다	to shake one's legs	U15

다문화(多文化)	multicultural	U11
다양(多樣)하다	to be diverse	U6
다언어(多言語)	multilingual	U11
다행(多幸)스럽다	to be fortunate	U2
단순(單純)하다	to be simple	U8
단어(單語)	word, vocabulary	U11
닫히다	to be closed	U17
담뱃갑(匣)	cigarette pack	U8
당연(當然)하다	to be natural, expected	U1
당연(當然)한 순서(順序)	natural order	U6
당연(當然)히	naturally	U17
당황(唐慌)하다	to be perplexed, panicked	U11
대가족(大家族)	large family	U5
대가족제도(大家族制度)	large family system	U4
대도시(大都市)	big city	U5
대리운전(代理運轉)	substitute driving	U17
대문(大門)	gate	U4
대변(代辯)하다	to speak for	U12
대상(對象)	an object	U7
대신(代身)	instead	U18
대신(代身)하다	to replace	U20
대우(待遇)	treatment	U12
대접(待接)받다	to be treated	U16
대조(對照)	contrast	U11
대중문화(大衆文化)	pop culture	U10
대중소비(大衆消費)	mass consumption	U14
대중예술(大衆藝術)	popular art	U2
대중종교(大衆宗敎)	popular religion	U20
대체(大體)로	on the whole, generally	U1
대통령(大統領)	president (of the country)	U7
대표적(代表的)이다	to be representative	U14
대학진학율(大學進學率)	university/college entrance ratio	U1

대화(對話)	dialogue, communication	U2
대화부족(對話不足)	lack of communication	U5
대화(對話)하다	to converse	U11
더구나	moreover	U12
덕목(德目)	virtue	U4
덮어두다	to cover up, overlook, ignore	U18
데모(시위)	demonstration	U1
도박(賭博)하다	to gamble	U8
도시(都市)	city	U15
도피유학(逃避留學)	studying abroad as a way of 'escaping'	U10
독립(獨立)	independence	U3
독립(獨立)하다	to become independent, stand alone	U1
독신남녀(獨身男女)	single man and woman	U6
독신여성(獨身女性)	single woman	U12
독특(獨特)하다	to be unique, peculiar	U15
돌리다	to rotate, circulate	U17
동기(動機)	motivation	U8
동료(同僚)	colleagues	U17
동시(同時)에	simultaneously	U20
동아리	club	U1
동원(動員)하다	to attract	U2
동적(動的)이다	to be dynamic	U13
동포(同胞)	overseas Koreans	U10
동포사회(同胞社會)	immigrant community	U20
동해(東海)	East Sea	U18
두고보다	to wait and see	U18
드물다	to be rare	U19
등장(登場)하다	to make an appearance	U9
따로	separately	U1
따지다	to inquire into, distinguish	U15
떠오르다	to rise, to emerge	U12
떠올리다	to bring to mind	U10

ㄹ

르네상스(復興期)	'renaissance'	U16

ㅁ

마약(痲藥)	drugs	U5
마지막 장면(場面)	last scene	U2
마찬가지로	the same as	U16
막걸리	traditional Korean liquor (Makgolli)	U17
만원(滿員)이다	to be fully packed	U11
만족(滿足)하다	to be satisfied	U7
말기(末期)	latter part, end stage	U20
말대꾸	back talk	U4
맞벌이 가정(家庭)	double income family	U5
맥주(麥酒)	beer	U17
맹목적(盲目的)이 되다	to become blind, servile	U20
멀다	to be far	U18
멋	style	U7
며느리	daughter-in-law	U19
면(面)	aspect	U17
모범생(模範生)	an exemplary student	U11
모습	look	U10
모험적(冒險的)이다	to be adventurous	U13
목록(目錄)	a list, the index (of a book)	U10
목사(牧師)	pastor, minister	U20
목적(目的)	purpose	U8
목표(目標)	goal	U1
몰려오다	to rush in, flock in	U16
무당(巫堂)	shaman	U15
무시(無視)하다	to ignore	U7
무역상대국(貿易相對國)	national trading partner	U18
무조건(無條件)	unconditionally	U2
문법(文法)	grammar	U11

문법중심(文法中心)	grammar-centered	U11
문안인사(問安人事)	morning and evening greetings	U4
문자(文字)	letter	U3
문(門)지방	threshold (of a door)	U15
문화(文化)	culture	U4
문화수준(文化水準)	cultural level	U15
문화유적(文化遺蹟)	cultural remnants	U20
문화자산(文化資産)	cultural assets	U16
문화재(文化財)	cultural assets	U16
묻다	to bury	U15
묶다	to tie, connect	U14
미끄럽다	to be slippery	U15
미디어/대중매체(大衆媒體)	mass media	
미신(迷信)	superstition	U15
미역국	seaweed soup	U15
민감(敏感)하다	to be sensitive	U1
민속문화(民俗文化)	folk culture	U15
민족공동체(民族共同體)	national community	U20
믿을만하다	to be reliable	U17
믿음	belief	U3

ㅂ

바람직하다	to be desirable	U18
바탕	basis, foundation	U12
박사학위(博士學位)	Ph.D. Degree	U1
박해(迫害)	persecution/ oppression	U20
반대(反對)	opposite	U1
반면(反面)에	on the other hand	U10
반성(反省)하다	to regret	U18
반영(反影)하다	to reflect	U4
반일감정(反日感情)	anti-Japanese sentiment	U18
받아들이다	to accept	U13

발달(發達)	development	U11
발달(發達)되다	to be developed	U19
발명가(發明家)	inventor	U3
발음(發音)	pronunciation	U11
발전(發展)하다	to develop	U20
발표(發表)하다	to announce	U16
방문(訪問)하다	to visit	U10
방법(方法)	method	U13
배경(背景)	background	U13
버릇	habit	U5
버릇없다	to be ill-mannered	U4
버릇없이 굴다	to behave ill-mannered	U4
법(法)	law	U13
변명(辯明)	excuse	U4
변(變)하다	to change	U16
변화(變化)	change	U5
병(病)들다	to get sick	U3
보고(報告)하다	to report	U7
보급(普及)	dissemination	U16
보람있다	to be rewarding	U3
보상(補償)	compensation	U18
보수적(保守的)이다	to be conservative	U12
보편적(普遍的)이다	to be general, common	U4
복권(福券)	lottery	U15
복잡(複雜)하다	to be complicated, crowded	U8
봉사(奉仕)	service	U19
부(富)	wealth	U16
부끄럽다	to be shameful	U10
부담(負擔)	burden	U9
부러움	envy	U19
부분(部分)	part	U9
부자지간(父子之間)	between father (parents) and son (children)	U13

부작용(副作用)	side effects	U5
부정적(否定的)이다	to be negative	U18
부처님	Buddha	U20
부탁(付託)하다	to ask a favor	U17
부흥(復興)	restoration	U17
분명(分明)하다	to be apparent, obvious	U7
분야(分野)	field, area	U3
분위기(雰圍氣)	atmosphere	U2
불교(佛敎)	Buddhism	U20
불운(不運)	misfortune	U15
불효(不孝)	disobedience, impiety	U7
비교(比較)하다	to compare	U2
비난(非難)하다	to criticize	U13
비율(比率)	ratio, rate, percentage	U6
비치다	to be reflected	U10
비판(批判)없이	without criticism	U16
비협조(非協調)	lack of cooperation	U12
빼놓다	to leave out	U16
뺏다	to take (something) away	U8
뽑다	to select/elect	U1
뿌리	root	U9
뿌리깊다	to be deep-rooted	U18

ㅅ

3대(代)	three generations	U4
4강(强)	semi-finalist	U14
사건(事件)	incident	U18
사고(事故)	accident	U17
사고방식(思考方式)	way of thinking	U13
사과(謝過)하다	to apologize	U18
사교(社交)	social life	U8
사교화(邪敎化)되다	to become part of a cult	U20

사귀다	to make friends (with)	U1
사라지다	to disappear	U16
사립학교(私立學校)	private school	U1
사무총장(事務總長)	secretary general	U3
사상(思想)	thoughts	U20
사실(事實)	fact	U9
사업(事業)	business	U15
사정(事情)	situation, circumstance	U17
사제관계(師弟關係)	teacher-student relationship	U1
사제지간(師弟之間)	between teacher and student	U13
사회문화적(社會文化的)	socio-cultural	U13
사회변화(社會變化)	social change	U4
사회보장제도(社會保障制度)	social welfare system	U19
사회사업(社會事業)	social work	U20
사회사업가(社會事業家)	social worker	U3
사회생활(社會生活)	life in society	U12
사회활동(社會活動)	social activities	U5
산수(算數)	mathematics	U11
산업사회(産業社會)	industrialized society	U13
산업화(産業化)	industrialization	U4
살펴보다	to examine, look over	U15
삶	life (in an abstract sense)	U2
삼국시대(三國時代)	Three Kingdoms period	U20
상(床)	table	U15
상관(相關)하다	to mind	U4
상당히	considerably	U2
상대방(相對方)	the other party, counterpart	U5
상류층(上流層)	high class	U14
상사(上司)	boss, superior	U17
상상(想像)	imagination	U6
상상(想像)하다	to imagine	U12
상업적(商業的)	commercial	U2
상업화(商業化)	commercialization	U14

상영(上映)되다	to be screened (movie)	U2
상처(傷處)	scar	U10
상황(狀況)	situation, circumstance	U4
새벽	dawn	U17
새해	New Year	U15
생겨나다	to come into existence	U17
생활방식(生活方式)	lifestyle	U4
생활비(生活費)	living expenses	U19
생활수준(生活水準)	standard of living	U16
샤머니즘	Shamanism	U20
서구(西歐)	Western Europe	U19
서양(西洋)	Western world	U12
석가모니(釋迦牟尼)	Siddhartha	U20
선거(選擧)	election	U12
선망(羨望)	envy	U16
선보다	to have a meeting before an arranged marriage	U6
선수(選手)	athlete	U3
선정적(煽情的)이다	to be provocative	U2
선진국(先進國)	developed country	U12
선택(選擇)	choice, option	U6
선호(選好)하다	to prefer	U2
선,후배관계(先,後輩關係)	upperclassman-underclassman relationship	U1
설상가상(雪上加霜)으로	to make things worse	U19
섬	island	U18
성격(性格)	personality	U7
성공(成功)	success	U14
성공(成功)하다	to succeed	U16
성냥	a match / matches	U15
성별(性別)	sex, gender	U9
성비불균형(性比不均衡)	sex ratio imbalance	U9
성악가(聲樂家)	vocalist, singer	U3

성인(成人)	adult	U8
성적(成績)	results, record (in competition), grade (at school)	U1
성적노예(性的奴隷)	sexual slave	U18
성형수술(成形手術)	plastic surgery	U7
세계(世界)	world	U3
세계보건기구(世界保健機構)	WHO (World Health Organization)	U3
세계인(世界人)	people of the world	U10
세계화(世界化)	globalization	U11
세기(世紀)	century	U20
세대차이(世代差異)	generation gap	U13
세상(世上)을 떠나다	to die	U3
세월(歲月)	time and tide/years	U16
세제(洗劑)	detergent, cleanser	U15
소비(消費)하다	to consume	U17
소수민족(小數民族)	minority (ethnic) group	U10
소외(疎外)	isolation	U5
소위(所謂) 말하는	so-called	U14
소원(所願)	wish	U20
소주(燒酒)	traditional Korean liquor, Soju	U17
소중(所重)하다	to be precious (소중하게:preciously)	U5
손	wandering evil spirit	U15
수(數) 많은	numerous	U16
수상(受賞)하다	to receive an award	U16
수술비(手術費)	fee for surgery	U7
수입(收入)	income	U19
수저	spoon and chopsticks, silverware	U4
수필(隨筆)	essay	U11
술자리	occasion of drinking	U4
습득(拾得)	acquisition	U11
승진(昇進)	promotion	U11
시간관리(時間管理)	time management	U1
시간제(時間制)	part-time, hourly	U19

시골	countryside	U15
시급(時急)히	swiftly	U19
시대(時代)	time, era	U4
시대(時代)에 뒤떨어지다	to be outdated, old-fashioned	U4
시대적(時代的)	periodical	U13
시부모(媤父母)	woman's parents-in-law	U9
시설(施設)	facilities	U19
시(媤)어머니	woman's mother-in-law	U19
시중들다	to wait on, serve	U12
시집가다	to marry (for women)	U7
신경(神經)을 쓰다	to be concerned about	U7
신자(信者)	believer	U20
신체(身體)	body	U7
실력(實力)	ability	U11
실업문제(失業問題)	unemployment problem	U6
실용성(實用性)	practicality	U7
심각(深刻)하다	to be serious	U5
심각(深刻)해지다	to become serious	U8
심다	to plant	U10
쌍꺼풀 수술(手術)	double eyelid surgery	U7
쓸데없이	unnecessarily, to no purpose, in vain	U4

ㅇ		
아랫사람	a youth (as opposed to an elderly person)	U4
아이를 낳다	to give birth	U9
안내서(案內書)	guide (book, brochure)	U10
애국심(愛國心)	patriotism	U14
애니미즘	animism	U20
애정영화(愛情映畵)	romance movie	U2
약화(弱化)되다	to be weakened	U9
양로원(養老院)	nursing home	U19

양육(養育)	raising a child	U9
양주(洋酒)	Western-style liquor (whisky, vodka, etc.)	U17
어쨌든	anyhow	U8
어휘(語彙)	vocabulary	U11
억지로	on purpose	U7
언론(言論)	the press, media	U10
언어(言語)	language	U11
언어학적(言語學的)으로	linguistically	U11
엄격(嚴格)하다	to be strict	U1
엄청난 돈	exorbitant amount of money	U14
-에 관계없이	regardless of	U15
여가시간(餘暇時間)	past time	U2
여성(女性)	womankind	U12
여성총리(女性總理)	female prime minister	U12
여성해방운동(女性解放運動)	women's liberation movement	U5
여아(女兒)	girl	U9
여유(餘裕)	extra room	U14
여전히	still	U9
역사상(歷史上)	in history	U14
역사적(歷史的)	historical	U18
역설(逆說)	paradox	U17
역할(役割)	role	U1
연기(演技)	acting	U2
연애(戀愛)	love affair	U1
연애결혼(戀愛結婚)	marriage based on love	U6
연예인(演藝人)	entertainer	U14
연인(戀人)	lover	U2
연출(演出)	directing (a movie, play, etc.)	U2
열등생(劣等生)	inferior student	U11
엿	Korean sticky candy	U15
영어실력(英語實力)	English language proficiency	U1
영토(領土)	land, territory	U18

영향(影響)	influence	U2
영향(影響)을 미치다	to exert influence	U3
영화광(映畵狂)	movie maniac	U2
영화제작자(映畵製作者)	movie-maker	U2
예상(豫想)하다	to anticipate, predict	U5
예수님	Jesus Christ	U20
예술(藝術)	art	U7
예술가(藝術家)	artist	U3
예의(禮儀)에 어긋나다	to breach etiquette	U4
예전에는	in the past	U6
예절(禮節)	etiquette, manners	U4
오락	entertainment	U2
오히려	rather	U8
옷차림	one's attire, personal appearance	U7
요인(要因)	important factor	U8
__와/과 어울리다	to go well together, to get along	U17
완전(完全)히	completely	U18
왜곡(歪曲)	distortion	U18
외국어(外國語)	foreign language	U11
외로움	loneliness	U20
외모(外貌)	look, appearance	U6
외모지상주의(外貌至上主義)	the thought that external appearances are everything	U7
외출(外出)	going out	U7
외치다	to scream	U16
외환위기(外換危機)	foreign exchange crisis	U19
요구(要求)하다	to demand, require	U11
요약(要約)	summary	U11
용감(勇敢)하다	to be brave (용감하게: bravely)	U3
용서(容恕)	forgiveness	U18
우상(偶像)	an idol, icon	U16
운동(運動)	movement, campaign	U8
울긋불긋하다	to be colorful	U15

울타리	fence	U17
웃어른	elderly	U4
원인(原因)	cause, reason	U6
월급(月給)	monthly salary	U12
위안부(慰安婦)	comfort women	U18
위인(偉人)	great person	U3
위험(危險)을 무릅쓰다	to take a risk	U13
위험(危險)하다	to be dangerous	U8
윗사람	elders	U19
유교사상(儒敎思想)	Confucian thought	U4
유교적(儒敎的)	Confucian	U9
유일(唯一)하다	to be the only, sole	U12
유학준비(留學準備)	preparation for study abroad	U1
유행(流行)	in fashion	U7
유행(流行)하다	to be in fashion	U9
유흥가(遊興街)	area with nightlife	U17
육아시설(育兒施設)	childcare facilities	U12
육체적(肉體的)	physical	U19
은퇴(隱退)	retirement	U16
음력(陰曆)	lunar calendar	U20
음악가(音樂家)	musician	U3
음주운전(飮酒運轉)	drunk driving	U17
응원(應援)하다	to root for	U14
의견(意見)	opinion	U6
의구심(疑懼心)	doubt	U6
의무교육(義務敎育)	compulsory education	U1
의문(疑問)이다	to be questionable	U12
의미(意味)	meaning	U5
의미(意味)있다	to be meaningful	U3
의사(意思)	intention	U7
의지(意志)	will, intention	U8
의학(醫學)의 발달(發達)	medical advancement	U9
이끌다	to lead	U16

이내	within	U11
이름을 빛내다	to win fame, to bring glory to one's homeland	U3
이민자(移民者)	immigrant	U20
이민(移民)하다	to immigrate	U10
이사(移徙)	moving	U15
이성친구(異性親舊)	friend of the opposite sex	U1
이웃	neighbor	U18
이유(理由)	reason	U2
이해(理解)	understanding	U4
이해부족(理解不足)	lack of understanding	U12
이혼(離婚)	divorce	U6
이혼율(離婚率)	divorce rate	U12
인구증가(人口增加)	population increase	U9
인기(人氣)	popularity	U2
인내(忍耐)	patience	U13
인맥(人脈)	human connection	U1
인물(人物)	character	U2
인상(印象)	impression	U10
인상적(印象的)이다	to be impressive	U14
인식(認識)	perception	U12
인식(認識)하다	to realize, to perceive	U14
인정(認定)받다	to be recognized	U14
인정(認定)하다	to admit, recognize	U18
일류대학(一流大學)	top rated college, prestigious college	U1
일반적(一般的)으로	generally	U15
일반적(一般的)이다	to be common	U6
일본(日本)의 식민통치 (植民統治)	Japanese colonial rule	U18
일부(一部)	part	U10
일상생활(日常生活)	daily life	U3
일시적(一時的)이다	to be temporary	U16

입시지옥(入試地獄)	entrance exam hell	U1
입학(入學)	school admission	U11
입학시험(入學試驗)	school entrance exam	U15

ㅈ

자녀(子女)	children	U5
자랑스럽다	to be proud	U3
자부심(自負心)	self-pride	U16
자식(子息)	children	U6
자연(自然)스럽다	to be natural	U6
자유(自由)	freedom	U8
자유(自由)롭다	to be free (자유롭게 freely)	U1
자유화(自由化)되다	to become liberalized	U10
자체(自體)	itself	U9
자취(自炊)하다	to cook for oneself	U1
작별인사(作別人事)	farewell greeting	U4
장군(將軍)	admiral, general	U3
장남(長男)	oldest/first born son	U19
장단점(長短點)	merits and demerits	U5
장로교(長老敎)	the Presbyterian church	U20
장애(障碍)	obstacle	U12
재산(財産)을 물려받다	to inherit a fortune	U9
쟁점(爭點)/이슈	an issue	U18
저출산율(低出産率)	low birth rate	U9
적당(適當)하다	to be proper	U6
적어도	at least	U4
적응(適應)하다	to adjust	U19
전기(傳記)	biography	U3
전념(專念)하다	to focus, concentrate	U1
전문직(專門職)	professional	U12
전반적(全般的)으로	on the whole	U11
전반적(全般的)이다	to be overall	U12

전업주부(專業主婦)	full-time housewife	U5
전쟁(戰爭)	war	U13
전체(全體)	all, whole	U19
전통(傳統)	tradition	U16
전통적(傳統的)이다	to be traditional	U12
전통적(傳統的)으로	traditionally	U9
전파(傳播)	dissemination	U20
전형화(典型化)시키다	to stereotype	U10
절(사찰 寺刹)	temple	U20
절하다	to bow	U18
점(占)쟁이	fortune teller	U6
접(接)하다	to be in contact with	U16
정도(程度)	degree	U11
정보(情報)	information	U20
정보사회(情報社會)	information-based society	U13
정부(政府)	government	U8
정서(情緒)	emotion	U3
정식종목(正式種目)	official entry	U14
정신적(精神的)	mental	U19
정적(靜的)이다	to be static	U13
정착(定着)하다	to settle	U20
정체성(正體性)	identity	U18
정치(政治)	politics	U1
정치인(政治人)	politician	U15
제공(提供)하다	to offer	U6
제도(制度)	system	U12
제한(制限)되다	to be limited	U12
조건(條件)	condition	U6
조기유학(早期留學)	studying abroad at an early age	U10
조사(調査)	survey	U7
조선시대(朝鮮時代)	Joseon period (1392–1910)	U20
조심(操心)하다	to be careful	U17
존경(尊敬)하다	to respect (person)	U3

존댓(尊待)말	honorific language	U4
존재(存在)하다	to exist	U15
존중(尊重)하다	to respect (idea, opinion, etc.)	U6
종교(宗敎)	religion	U20
종류(種類)	kind, sort	U2
종합예술(綜合藝術)	synthetic art	U2
종합(綜合)하다	to synthesize	U11
죄(罪)	crime	U18
주목(注目)하다	to pay attention to	U2
주위(周圍)	surrounding	U13
주장(主張)하다	to assert	U11
주제(主題)	topic, theme	U2
죽음	death	U15
줄다	to decrease	U15
중독(中毒)	addiction	U8
중독자(中毒者)	an addict	U17
중매결혼(中媒結婚)	marriage arranged by a matchmaker	U6
중매(仲媒)쟁이	matchmaker	U6
중산층(中産層)	middle class	U14
중심(中心)	center	U4
중요성(重要性)	significance	U11
중요시(重要視)하다	to be seen as important, significant	U10
즐거움	joy	U17
증가(增加)하다	to increase	U12
지나치다	to be excessive (지나치게: excessively)	U4
지리적(地理的)	geographical	U18
지배(支配)	ruling, occupation	U13
지붕	roof	U15
지속적(持續的)이다	to be continuous	U16
지원(支援)	support	U14
지위(地位)	status	U5
지적(指摘)되다	to be pointed out	U5
지출(支出)	expenditure	U19

직업(職業)	occupation	U7
직위(職位)	status, position	U10
직장(職場)	work place, job	U12
직장남성(職場男性)	working man	U17
직장여성(職場女性)	working woman	U12
직접(直接)	directly	U3
직책(職責)	position, title	U17
진보적(進步的)이다	to be liberal	U13
진실(眞實)	truth	U18
진심(眞心)으로	sincerely, from one's heart	U5
진정(眞正)이다	to be true, authentic	U7
진지(眞摯)하게	seriously	U3
진출(進出)하다	to advance, to find a way (into)	U14
질병(疾病)	disease	U8
짐	burden	U19
집단자살(集團自殺)	mass suicide	U20
집들이	house warming	U15
집안	family background	U6
쫓기다	to be chased	U5
쫓다	to drive away, dispel	U15

ㅊ

차남(次男)	second son	U19
차별(差別)	discrimination	U12
차이(差異)	difference	U6
찬미(讚美)하다	to worship	U20
참견하다	to meddle with	U4
참여(參與)하다	to participate	U1
찹쌀떡	rice cake made of sticky rice	U15
창의적(創意的)이다	to be creative	U13
채택(採擇)되다	to be selected	U14
책임(責任)	responsibility	U1

천주교(天主敎)	Catholic church	U20
천황(天皇)	emperor	U18
철학(哲學)	philosophy	U20
철학자(哲學者)	a philosopher	U6
첫인상(印象)	first impression	U7
청산(淸算)	eradication	U18
청소년(靑少年)	adolescents / teenagers	U8
청년실업(靑年失業)	youth unemployment	U1
촌극(寸劇)	skit	U17
총인구(總人口)	total population	U20
최고(最高)의 신랑(新郞) 감	the best groom candidate	U7
최저(最低)	the lowest	U8
최초(最初)의	the very first	U3
추측(推測)하다	to conjecture, guess	U6
출산(出産)	childbirth	U9
출산율(出産率)	birth rate	U12
출처(出處)	source (of information)	U6
충분(充分)하다	to be sufficient	U19
취직(就職)하다	to get a job	U1
친일파(親日派)	pro-Japanese people	U18
침략(侵略)하다	to invade	U3
침례교(浸禮敎)	Baptist church	U20

ㅌ

태권도(跆拳道) 사범(師範)	*Taekwondo* master	U14
태도(態度)	attitude	U4
태아성감별(胎兒性感別)	discrimination of the sex of a fetus	U9
터져나오다	to burst out	U10
통계(統計)	statistics	U2
통계청(統計廳)	National Statistical Office (NSO)	U12
통신(通信)	telecommunication	U11
통일신라시대(統一新羅時代)	Unified Silla period (668–935)	U20

통(通)하다	to communicate	U14
퇴직(退職)하다	to retire	U19
투자비용(投資費用)	investment costs	U11
투자(投資)하다	to invest	U11
특성(特性)	characteristics	U7
특이(特異)하다	to be unique, unusual	U17
특정분야(特定分野)	specific area/field	U12
틀림없다	to be certain	U2

ㅍ

판권(版權)	copyright	U16
판단(判斷)하다	to judge	U7
편견(偏見)	prejudice	U10
편리(便利)하게	conveniently	U3
평가(評價)되다	to be assessed	U10
평균(平均)	the/an average	U9
평균결혼연령(平均結婚年齡)	average marrying age	U6
평균적(平均的)으로	on average	U11
평범(平凡)하다	to be ordinary, common	U3
폐암(肺癌)	lung cancer	U8
포도주(葡萄酒)	wine	U17
포함(包含)하다	to include	U4
폭력(暴力)	violence	U5
폭력적(暴力的)이다	to be violent	U2
폭음(暴飲)	binge drinking	U17
풍부(豊富)하다	to be rich	U3
풍습(風習)	custom	U6
프로 야구단(野球團)	professional baseball team	U14
피상적(皮相的)이다	to be superficial	U13
피(避) 하다	to avoid	U15
피해자(被害者)	victim	U18
필수(必須)	a must, necessity	U6

필수적(必需的)이다	to be necessary	
핏줄을 잇다	to pass on the blood	U9

ㅎ

하나되다	to become one	U17
하류층(下流層)	low class	U14
하숙(下宿)집	boarding house	U1
학력(學歷)	level of education, academic career	U6
학문(學問)	scholarship	U20
학벌(學閥)	academic clique, academic sectionalism	U7
학생운동(學生運動)	student movement	U1
학습(學習)	studying, learning	U11
학습효과(學習效果)	effects of learning	U11
학원(學院)	private institute/academy (e.g. driving school, cooking school)	U11
학자(學者)	scholar	U11
한국전쟁(韓國戰爭)	Korean War	U10
한국출신(韓國出身)	Korean-born	U14
한꺼번에	at a time, at the same time	U1
한류(韓流)	Korean Wave	U16
한일국교정상화 (韓日國交正常化)	Korea-Japan Normalization Act	U18
한일합방(韓日合邦)	Japanese annexation of Korea	U18
한자(漢字)	Sino-Korean characters	U15
해결책(解決策)	solution	U12
해(害)롭다	to be harmful	U8
해방(解放)	liberation	U18
해외(海外)	overseas	U10
핵가족(核家族)	nuclear family	U5
핵가족 가정(核家族 家庭)	nuclear family household	U4
핵문제(核問題)	nuclear issues	U10

행동(行動)	behavior	U3
향상(向上)	improvement	U1
허락(許諾)	permission	U4
헐렁하다	to be loose (clothes)	U13
현대사회(現代社會)	modern society	U5
현대화(現代化)	modernization	U4
현모양처(賢母良妻)	wise wife and good mother	U12
현상(現象)	phenomenon	U10
형편(形便)	situation, circumstance	U19
형태(形態)	a form, shape	U14
호기심(好奇心)	curiosity	U8
혹시	by any chance	U4
홍수(洪水)	flood	U11
화장(化粧)	make-up	U7
화제(話題)	topic (of conversation)	U7
확인(確認)	confirmation	U15
환경(環境)	environment	U13
환자(患者)	a patient	
활발(活潑)하다	to be vigorous, active	U8
	(활발하게: vigorously)	
활성화(活性化)시키다	to invigorate	U16
활약(活躍)하다	to play an active part (in)	U3
효과(效果)	effect	U8
후반(後半)	second half	U9
후보(候補)	candidate	U12
후유증(後遺症)	aftereffect, aftermath	U17
후회(後悔)하다	to regret	U6
훌륭하다	to be great	U3
휘파람	whistle	U15
흉보다	to find a fault	U17
흉내내다	to imitate	U16
흔들리다	to be shaken	U9
흔하다	to be common	U6

흡연구역(吸煙區域)	smoking zone	U8
흡연율(吸煙率)	smoking rate	U8
흡연인구(吸煙人口)	smoking population	U8
흡연자(吸煙者)	smoker	U8
흥미(興味)	interest, concern	U11
희망(希望)	hope	U13
힘	strength, power	U8

UNIT 1

4-1)

1. 틀림	2. 틀림	3. 틀림	4. 맞음
5. 맞음	6. 틀림	7. 틀림	8. 맞음
9. 틀림	10. 틀림		

4-2)

1. 초등학교, 중학교, 고등학교를 끝내고 대학에 간다
2. 수능, 고등학교때 성적, 논술시험
3. 대학입시가 경쟁이 심해서 중, 고등학교 때 공부만 해야 하기 때문
4. 연애파, 정치파, 현실파, 학구파
5. 이성친구 사귀기
6. 정치문제
7. 졸업 후 좋은 직장에 취직하는 것
8. 대학원 입학이나 유학준비를 하는 학생들
9. 한국에서는 인맥이 중요하며 선, 후배 관계는 사회에 나가서까지 계속되기 때문
10. 한국의 선생님: 권위적이고 엄격하다
    미국선생님: 자유롭고 학생들과 친하다

5-1)

1. 공립학교	2. 성적	3. 선,후배관계	4. 과외활동
5. 유학	6. 의무교육	7. 대학원	8. 학생운동
9. 목표	10. 시간관리		

5-2)

1. ㄷ   2. ㄴ   3. ㄱ   4. ㄱ

5. ㄴ   6. ㄴ   7. ㄴ   8. ㄱ

5-3)

1. 일류   2. (남녀)공학   3. 교수   4. 유학

5. 자유   6. 논술시험   7. 동아리   8. 인맥

9. 사제관계   10. 사립

5-4)

1. ㄴ   2. ㄷ   3. ㄱ   4. ㄹ

5. ㅂ   6. ㅁ

5-5)

1. ㄹ   2. ㄱ   3. ㄹ   4. ㄷ

5. ㄱ

UNIT 2

4-1)

1. 틀림   2. 틀림   3. 틀림   4. 틀림

5. 맞음   6. 맞음   7. 틀림   8. 맞음

9. 틀림   10. 틀림

4-2)

1. 누구나 다 보고 즐기며 좋아하기 때문

2. 이야기, 연기, 연출, 경치, 음악 등이 어울려서 영화가 만들어지기 때문

3. 나이, 영화를 볼때의 생각과 분위기, 좋아하는 배우나 감독 등

4. 영화 속 인물들의 삶을 간접적으로 산다

5. 한국적인 주제를 다룬 한국적인 영화이기 때문

6. 쉬리, 공동경비구역, 친구, 태극기 휘날리며, 실미도, 왕의 남자

7. 폭력적, 선정적, 상업적이기 때문
8. 영화의 교육적인 영향이 크기 때문

5-1)

1. 주제	2. 분위기	3. 감동	4. 종합예술
5. 장면	6. 연기	7. 영화광	8. 인물
9. 경치	10. 대중예술		

5-2)

1. ㄱ	2. ㄴ	3. ㄱ	4. ㄷ
5. ㄱ	6. ㄷ	7. ㄴ	8. ㄷ
9. ㄷ			

5-3)

| 1. 감독 | 2. 관객 | 3. 제작자 | 4. 배우 |
| 5. 대사 | 6. 애정영화 | 7. 인물 | |

5-4)

| 1. ㄴ | 2. ㄷ | 3. ㄱ | 4. ㄹ |
| 5. ㅁ | | | |

5-5)

| 1. ㄷ | 2. ㄹ | 3. ㄴ | 4. ㄱ |
| 5. ㄹ | | | |

UNIT 3

4-1)

1. 틀림	2. 틀림	3. 맞음	4. 틀림
5. 틀림	6. 틀림	7. 틀림	8. 맞음
9. 틀림	10. 맞음		

4-2)

| 1. ㄷ | 2. ㅁ | 3. ㄱ | 4. ㄴ |
| 5. ㄹ | | | |

5-1)

1. 존경 2. 행동 3. 독립 4. 믿음
5. 활약 6. 사회 7. 고통 8. 대화
9. 책임 10. 분야

5-2)

1. ㄴ 2. ㄱ 3. ㄱ 4. ㄱ
5. ㄹ 6. ㄷ

5-3)

1. 전기 2. 발명가 3. 위인 4. 운동선수
5. 예술가 6. 사회사업가

5-4)

1. ㄴ 2. ㄱ 3. ㄷ 4. ㅁ
5. ㅂ 6. ㄹ

5-5)

1. ㄷ 2. ㄴ 3. ㄱ 4. ㄹ

5-6)

1. 간접적으로 2. 세상을 떠나다 3. 최초의
4. 자랑스러운 5. 충분하다 6. 편리하게

UNIT 4

4-1)

1. 맞음 2. 맞음 3. 틀림 4. 틀림
5. 틀림 6. 틀림 7. 맞음 8. 틀림
9. 틀림 10. 틀림 11. 맞음 12. 맞음
13. 맞음 14. 틀림 15. 틀림

5-1)

1. 관계없이 2. 혹시 3. 무조건 4. 별로
5. 쓸데없이 6. 따로

5-2)

1. ㄹ   2. ㄴ   3. ㄷ   4. ㄱ
5. ㄱ   6. ㄴ   7. ㄴ   8. ㄱ

5-3)

1. ㄴ   2. ㄷ   3. ㄱ   4. ㅁ
5. ㄹ   6. ㅂ

5-4)

1. 존댓말   2. 유교사상   3. 핵가족 가정   4. 문안
5. 수저   6. 허락   7. 중심   8. 강요

UNIT 5

4-1)

1. 맞음   2. 틀림   3. 틀림   4. 틀림
5. 틀림   6. 맞음   7. 맞음   8. 틀림
9. 틀림   10. 맞음

4-2)

1. 산업화와 함께 생활방식이 변했다
2. 핵가족 가정이 많아졌다. 일하는 어머니가 많아졌다
3. 자녀들의 교육문제
4. 노인들의 소외
5. 서로 장단점이 있기 때문에 어느 쪽이 좋다고 하기 어렵
   다
6. 가족의 의미와 소중함

5-1)

1. 소외   2. 경제활동   3. 소중함   4. 부작용
5. 산업화   6. 지위   7. 자녀   8. 책임

5-2)

1. ㄱ   2. ㄷ   3. ㄹ   4. ㄴ
5. ㄱ   6. ㄷ   7. ㄷ   8. ㄱ

5-3)

1. 도시   2. 부부   3. 전업주부   4. 장단점

5. 집안일   6. 맞벌이가정   7. 변화

5-4)

1. ㄴ   2. ㄱ   3. ㅁ   4. ㄷ

5. ㄹ

5-5)

1. 고등교육, 자녀교육, 학교교육, 가정교육

2. 생활방식, 사고방식, 교육방식, 대화방식

3. 교육제도, 가족제도, 입시제도, 사회보장제도

UNIT 6

4-1)

1. 틀림   2. 맞음   3. 틀림   4. 틀림

5. 틀림   6. 맞음   7. 틀림   8. 틀림

9. 맞음   10. 맞음

4-2)

1. 혼자 살려는 사람이 많아졌다. 평균결혼연령이 높아졌다

2. 실업문제

3. 직장여성이 많아졌다. 결혼을 '필수'가 아닌 '선택'으로 생각하는 경향이 많다

4. 두사람

5. 두가족

6. 부모, 친척, 친구, 결혼정보회사 등 중매쟁이

7. 집안, 학력, 외모, 직업, 경제력

8. 연애결혼

9. 연애결혼

10. 사랑

5-1)
1. 중매결혼, 연애결혼　2. 중매쟁이　3. 궁합
4. 선보는　5. 선택　6. 사회변화　7. 점쟁이
8. 가치관　9. 서양의 영향　10. 시대

5-2)
1. ㄱ　2. ㄴ　3. ㄴ　4. ㄹ
5. ㄴ　6. ㄱ　7. ㄴ　8. ㄷ
9. ㄹ　10. ㄴ

5-3)
1. 평균결혼연령　2. 취직　3. 실업문제
4. 의구심　5. 후회　6. 독신
7. 결혼정보회사　8. 학력　9. 외모
10. 집안

5-4)
1. ㄴ　2. ㄱ　3. ㄹ　4. ㄷ
5. ㅁ

5-5)
1. ㄹ　2. ㄱ　3. ㄴ

UNIT 7

4-1)
1. 틀림　2. 틀림　3. 맞음　4. 맞음
5. 틀림　6. 맞음　7. 틀림　8. 맞음
9. 틀림　10. 맞음

4-2)
1. 자기의 개성보다는 다른 사람의 눈을 먼저 생각하기 때문
2. 성형수술, 살빼기
3. 쌍꺼풀 수술, 코높이기 수술

4. 비싼 수술비, 부작용

5. 살빼기

6. 외모지상주의

7. 사회적 지위에 관련된 여성의 역할과 여성에 대한 기대

8. 미디어의 영향

9. 내적인 아름다움을 무시하게 된다

5-1)

1. 조건	2. 기본예의	3. 특성	4. 성형수술
5. 부작용	6. 역할	7. 불효	8. 대상

5-2)

1. ㄱ	2. ㄹ	3. ㄷ	4. ㄴ
5. ㄱ	6. ㄴ	7. ㄱ	8. ㄷ
9. ㄱ			

5-3)

1. 개성	2. 첫인상	3. 조사	4. 부작용
5. 외모지상주의		6. 외출	7. 특성
8. 유행			

5-4)

1. 날씬하다	2. 살을 빼다	3. 젊다	4. 외적인
5. 불효	6. 시집가다		

5-5)

1. ㄷ	2. ㄹ	3. ㄱ

UNIT 8

4-1)

1. 틀림	2. 맞음	3. 맞음	4. 틀림
5. 틀림	6. 맞음	7. 맞음	8. 틀림
9. 틀림	10. 맞음		

4-2)

1. 흡연인구가 줄고 있다
2. 약 25%
3. 폐암
4. 담뱃갑에 경고문을 붙이고 공공장소에서 금연을 하게 했다
5. 줄어들었다
6. 스트레스를 풀기 위해서, 피어프레셔때문에, 사교의 목적으로, 호기심때문에, 멋있어 보여서, 살을 빼기 위해서
7. 담배를 피우는 개인
8. 교육

5-1)

1. 흡연구역 2. 질병 3. 사교 4. 건강
5. 교육

5-2)

1. ㄱ 2. ㄱ 3. ㄴ 4. ㄷ
5. ㄱ 6. ㄹ

5-3)

1. 흡연자 2. 금연 3. 공공장소 4. 호기심
5. 경고문 6. 흡연인구 7. 고객 8. 자유
9. 동기 10. 미래

5-4)

1. 해롭다 2. 위험한 3. 복잡한 4. 늘다

5-5)

1. ㄱ 2. ㅁ 3. ㄴ 4. ㄷ
5. ㄹ

1. ㄴ 2. ㄷ 3. ㄱ

4-1)

1. 맞음   2. 맞음   3. 틀림   4. 맞음
5. 맞음   6. 틀림   7. 틀림   8. 틀림
9. 틀림   10. 틀림

4-2)

1. 남아의 수와 여아의 수에 균형이 없는 것
2. 뿌리 깊은 유교적 관습때문
3. 낙태
4. 아이를 하나나 둘만 낳기 때문에 꼭 남자아이를 낳아야 한다는 부담때문
5. 집안 사람들, 시부모, 남편
6. 딸은 결혼하면 남의 집 식구가 되니까 아들이 재산을 물려받아야 한다고 생각하기 때문
7. 딸, 아들 구별 말고 둘만 낳아 잘 기르자
8. 잘 키운 딸 하나, 열 아들 안 부럽다
9. 출산
10. 양육의 어려움, 비싼 교육비, 자유로운 생활

5-1)

1. 남아선호사상   2. 태아성감별 3. 의학의 발달
4. 낙태   5. 인구증가   6. 성비불균형
7. 재산   8. 출산

5-2)

1. ㄹ   2. ㄴ   3. ㄱ   4. ㄴ
5. ㄹ   6. ㄴ   7. ㄷ   8. ㄱ

5-3)

1. 시부모   2. 전통   3. 성비불균형 4. 낙태
5. 태아성감별 6. 출산   7. 양육   8. 경향

5-4)

1. 여아   2. 자연스럽다   3. 관심
4. 부족   5. 증가

5-5)

1. ㄷ   2. ㄱ   3. ㄴ   4. ㄹ

UNIT 10

4-1)

1. 틀림   2. 맞음   3. 맞음   4. 맞음
5. 틀림   6. 맞음   7. 틀림   8. 맞음
9. 틀림   10. 맞음

4-2)

1. 전쟁의 상처와 가난으로 고생하는 나라
2. 올림픽 개최, 월드컵 공동개최, 눈부신 경제발전
3. 한국회사들이 만든 제품이 세계시장에서 잘 팔리고 있다
4. 한국의 대중문화에 대한 높은 인기
5. 여행중에 돈을 물 쓰듯이 쓴다. 여행하는 나라의 공중도덕을 안 지킨다
6. 도피유학이나 조기유학을 와서 적응하지 못하는 학생들
7. 외모와 직위를 중요시하고 감정적이다. 부지런하지만 일밖에 모른다
8. '빨리 빨리'를 좋아하는 급한 성격의 국민
9. 북한 핵문제, LPGA 골프 선수

5-1)

1. 소수민족 2. 유학   3. 관광객   4. 신문기사
5. 핵문제   6. 책임   7. 국민   8. 가난

5-2)

1. ㄱ   2. ㄹ   3. ㄴ   4. ㄱ
5. ㄴ   6. ㄷ   7. ㄹ   8. ㄴ

9. ㄹ   10. ㄴ

5-3)

1. 해외여행   2. 기적   3. 공중도덕   4. 동포
5. 편견   6. 인상

5-4)

1. ㄴ   2. ㄹ   3. ㄷ   4. ㅁ
5. ㄱ

UNIT 11

4-1)

1. 틀림   2. 맞음   3. 맞음   4. 틀림
5. 맞음   6. 틀림   7. 맞음   8. 틀림
9. 틀림   10. 맞음

4-2)

1. 외국어의 중요성
2. 문화, 언어적 차이, 문법중심의 외국어 교육방법, 모범생 콤플렉스
3. 대학입학, 취직, 승진
4. 학교와 학원
5. 초등학교 3학년부터 영어 조기교육 시작
6. 그 나라의 문화, 풍습을 배우고 그 나라 사람들을 잘 이해하게 된다
7. 강한 동기, 목표문화에 대한 관심과 흥미, 분명한 목표

5-1)

1. 주장한다   2. 강조해도   3. 요약될 수   4. 당황하게
5. 분명한   6. 이해하는   7. 종합하면   8. 포기하기

5-2)

1. ㄱ   2. ㄹ   3. ㄷ   4. ㄴ

5. ㄷ   6. ㄴ   7. ㄱ   8. ㄴ

5-3)

1. 통신   2. 언어학   3. 외국어   4. 어휘

5. 실력   6. 학원   7. 학습   8. 입학

9. 승진   10. 과외

5-4)

1. ㄹ   2. ㄷ   3. ㄱ   4. ㄴ

5. ㄹ

UNIT 12

4-1)

1. 맞음   2. 맞음   3. 틀림   4. 맞음

5. 틀림   6. 맞음   7. 맞음   8. 틀림

9. 틀림   10. 틀림

4-2)

1. 고등교육을 받는 여성과 전문직 여성이 늘어났다

2. 전문직 여성의 숫자는 여전히 적다.
   대부분의 여성들은 제한된 분야에서 일한다.
   남성들과 차별대우를.
   전반적인 사회인식도 크게 달라지지 않았다

3. 미시 제너레이션

4. 현모양처

5. 결혼에 대한 생각

6. 육아

7. 저출산

5-1)

1. 직업   2. 집안일   3. 역할   4. 지위

5. 인식　　6. 대우　　7. 이혼율　　8. 제도

5-2)

1. ㄴ　　2. ㄴ　　3. ㄹ　　4. ㄴ
5. ㄷ　　6. ㄱ　　7. ㄴ　　8. ㄱ
9. ㄹ

5-3)

1. 육아시설　　2. 현모양처　　3. 독신여성　　4. 이혼율
5. 인식　　6. 지위　　7. 필수　　8. 고등교육

5-4)

1. 후반에　　2. 구세대　　3. 원인　　4. 보수적인

UNIT 13

4-1)

1. 틀림　　2. 맞음　　3. 틀림　　4. 틀림
5. 맞음　　6. 맞음　　7. 틀림　　8. 틀림
9. 틀림　　10. 틀림

4-2)

1. 가치관, 사고방식, 생활방식이 다르기 때문
2. 정적이고 경험과 지혜를 중요하게 생각한다
3. 동적, 진보적, 창의적, 모험적이다
4. 버릇이 없고 깊이가 없다
5. 보수적이고 구식이다
6. 서로의 '다름'을 받아들이는 것

5-1)

1. 배경　　2. 환경　　3. 갈등　　4. 대화
5. 희망　　6. 고통

5-2)

1. ㄱ　　2. ㄴ　　3. ㄷ　　4. ㄴ
5. ㄱ　　6. ㄹ　　7. ㄷ　　8. ㄹ

5-3)

1. 부자지간   2. 가치관   3. 모험   4. 인내
5. 개성   6. 경험   7. 갈등   8. 희망

5-4)

1. ㄹ   2. ㄱ   3. ㄷ

5-5)

1. 희망   2. 버릇이 없다   3. 정적   4. 선배
5. 비난하다

UNIT 14

4-1)

1. 맞음   2. 틀림   3. 틀림   4. 맞음
5. 틀림   6. 틀림   7. 틀림   8. 맞음
9. 틀림   10. 틀림

4-2)

1. 모든 사람을 하나로 만들어 준다
2. 감독과 선수들의 노력, 국민들의 응원
3. 많은 돈을 벌고 굉장한 인기를 얻는다
4. 골프, 한국 출신 프로골퍼들의 성공적인 활약
5. 태권도
6. 야구
7. 경제발전으로 대중소비가 늘어났다
   중산층이 많아졌다
   정부가 지원을 아끼지 않았다
8. 국력을 인정받고 국제화를 효과적으로 할 수 있다

5-1)

1. 시대   2. 정식종목   3. 국력   4. 프로화
5. 응원   6. 대중소비   7. 운동선수   8. 여유

5-2)

1. ㄱ   2. ㄴ   3. ㄱ   4. ㄹ

5. ㄷ

5-3)

1. 가난뱅이   2. 애국심   3. 연예인   4. 국력

5. 개최   6. 여유   7. 경쟁   8. 경기

5-4)

1. ㄱ   2. ㄴ

5-5)

1. ㄹ   2. ㄷ   3. ㄴ   4. ㄱ

5. ㅁ

UNIT 15

4-1)

1. 맞음   2. 틀림   3. 맞음   4. 맞음

5. 틀림   6. 틀림   7. 맞음   8. 맞음

9. 틀림   10. 틀림

4-2)

1. 행운과 관계있는 것: 까치, 돼지꿈

2. 불운과 관계있는 것: 숫자 4, 밤에 휘파람 부는 것과 손톱 깎는 것, 다리를 떨거나 꼬는 것, 문지방을 밟는 것, 아침에 까마귀를 보는 것

5-1)

1. 문화수준   2. 점쟁이   3. 불운   4. 확인

5. 무당   6. 굿   7. 행운   8. 민속신앙

5-2)

1. ㄱ   2. ㄷ   3. ㄷ   4. ㄴ

5. ㄱ

5-3)

1. 한자   2. 이사   3. 만원   4. 개인

5. 환자   6. 집들이   7. 입학시험   8. 시골

9. 미역국

5-4)

1. ㄷ   2. ㄴ   3. ㄷ   4. ㄷ

5. ㄹ

5-5)

1. ㄴ   2. ㄷ   3. ㄴ   4. ㄹ

UNIT 16

4-1)

1. 맞음   2. 틀림   3. 맞음   4. 틀림

5. 틀림   6. 틀림   7. 틀림   8. 맞음

9. 틀림   10. 맞음

4-2)

1. 경제성장

2. 상업화

3. 과거에는 별로 대접받지 못했지만 지금은 청소년들의 선망이 대상이 되었다

4. 다른 문화의 영향

5. 개방논쟁

6. 한류

7. 국내의 관객동원 기록, 국제영화제에서의 수상 기록

8. 남의 것을 따라하지 말고 한국적 사고와 전통에 뿌리를 둔 문화를 만들어야 한다

5-1)

1. 교류   2. 은퇴   3. 우상   4. 개방

5. 인기   6. 문화자산

5-2)

1. ㄴ   2. ㄴ   3. ㄱ   4. ㄹ

5. ㄴ   6. ㄱ

5-3)

1. 자부심   2. 교류   3. 보급   4. 전통

5. 흉내   6. 은퇴   7. 생활수준   8. 청소년

5-4)

1. ㄱ   2. ㄷ   3. ㄴ   4. ㅁ

5. ㄹ

5-5)

1. ㄷ   2. ㄷ   3. ㄹ   4. ㄹ

5. ㄴ

UNIT 17

4-1)

1. 틀림   2. 틀림   3. 틀림   4. 틀림

5. 맞음   6. 맞음   7. 틀림   8. 맞음

9. 틀림   10. 맞음

4-2)

1. 사회생활의 일부이다
2. 닫힌 마음을 열고 상대를 더 가깝게 느끼게 된다
3. 경제발전
4. 잔을 돌려가며 마시는 것과 폭음경향
5. 음주운전으로 인한 사고와 간암 같은 질병

5-1)

1. 경향   2. 울타리   3. 사정   4. 정치

5. 풍습   6. 사고

5-2)

1. ㄷ   2. ㄱ   3. ㄴ   4. ㄴ
5. ㄷ   6. ㄹ

5-3)

1. 소비   2. 중독자   3. 유흥가   4. 동료
5. 흉보다   6. 폭음   7. 과음   8. 음주운전
9. 상사   10. 후유증

5-4)

1. ㄷ   2. ㅁ   3. ㄱ   4. ㄴ
5. ㄹ

5-5)

1. ㄴ   2. ㄹ   3. ㄷ

5-6)

1. ㄱ   2. ㄴ   3. ㄹ   4. ㄱ

5-7)

1. 소비하다   2. 닫히다   3. 즐거움   4. 생겨나다
5. 개인주의

UNIT 18

4-1)

1. 틀림   2. 맞음   3. 틀림   4. 틀림
5. 틀림   6. 맞음   7. 틀림   8. 맞음
9. 틀림   10. 맞음

4-2)

1. 일본의 식민통치를 경험한 기성세대들
2. 한일합방, 위안부 문제, 교과서 왜곡사건, 독도문제
3. 한국말 대신 일본말을 쓰게 했다, 한국이름을 못 쓰게 했다, 일본 천황에게 억지로 절을 하게 했다

4. 진정한 사과를 하지 않았고 피해보상도 하지 않고 있기 때문
5. 일본 학교에서 쓰는 역사교과서에서 진실을 덮어두거나 왜곡했다
6. 한국영토인 독도를 일본이 자기 영토라고 주장하는 것
7. 한일국교정상화 이후부터
8. 일본과 한국 정부 모두 문제해결을 위한 노력을 적극적으로 하지 않고 있기 때문

5-1)

1. 이웃   2. 보상   3. 사과   4. 영토
5. 사건   6. 문화재   7. 정체성   8. 식민통치

5-2)

1. 역사적   2. 부정적   3. 형식적   4. 성적
5. 직접적

5-3)

1. 걸림돌   2. 상처   3. 골칫거리   4. 학자
5. 해방   6. 용서   7. 진실   8. 거짓
9. 과거   10. 사과

5-4)

1. ㅁ   2. ㄷ   3. ㄴ   4. ㄱ
5. ㄹ

5-5)

1. 한일합방 (일본의 한국 강제합병)
2. 위안부   3. 반일감정   4. 한일국교정상화
5. 친일파 청산   6. 교과서 왜곡

5-6)

1. ㄹ   2. ㄱ   3. ㄴ

4-1)

1. 맞음   2. 맞음   3. 틀림   4. 틀림
5. 틀림   6. 틀림   7. 맞음   8. 틀림
9. 틀림   10. 틀림

4-2)

1. 어른들과 윗사람을 존경한다
2. 장남
3. 현대화의 영향으로 대가족제도가 무너졌다
4. 잘 발달되어 있지 않다
5. 외로움, 건강문제, 경제적 어려움
6. 양로원 시설이 충분하지 않고 비싸다
7. 가치관의 차이나 세대차이로 인해 갈등을 겪는다
8. 고부갈등
9. 부정적인 영향
10. 노인들이 봉사할 수 있는 기회나 시간제 일자리가 거의 없다

5-1)

1. 적응   2. 형편   3. 풍습   4. 시설
5. 노후대책   6. 갈등   7. 퇴직   8. 기회

5-2)

1. ㄹ   2. ㄴ   3. ㄷ   4. ㄱ
5. ㄴ   6. ㄹ   7. ㄴ   8. ㄱ

5-3)

1. 경로사상   2. 양로원   3. 장남   4. 퇴직연령
5. 고부갈등   6. 봉사   7. 선진국   8. 의무
9. 생활비   10. 노후대책

5-4)

1. ㄴ   2. ㄹ   3. ㄱ   4. ㄷ
5. ㅁ

5-5)

1. 보기 드물다   2. 선진국   3. 수입
4. 육체적   5. 윗사람   6. 시급히

UNIT 20

4-1)

1. 틀림   2. 맞음   3. 맞음   4. 맞음
5. 틀림   6. 틀림   7. 틀림   8. 틀림
9. 맞음   10. 맞음

4-2)

1. 중국
2. 불교
3. 불교의 영향이 지나치게 강해지면서 문제가 생겼기 때문
4. 불교
5. 불국사와 석굴암
6. 19세기 말
7. 개신교와 천주교
8. 뿌리깊은 유교사상 때문에
9. 약 반 정도
10. 한인 목사들

5-1)

1. 대표적인   2. 나누어지는데
3. 맹목적이 되어   4. 대신해서   5. 찬미하고
6. 성장하고

5-2)

1. ㄷ   2. ㄱ   3. ㄱ   4. ㄷ

5. ㄴ

5-3)

1. 신자   2. 이민   3. 전파   4. 음력

5. 소원   6. 세기   7. 공헌   8. 고국

9. 천주교   10. 역할

5-4)

1. ㄱ   2. ㄷ   3. ㄹ   4. ㄹ